Cuando el pipí se resiste

Dr. Stéphane Clerget
Carine Mayo

CUANDO EL PIPÍ
SE RESISTE

¿Cómo ayudar al niño a controlarse?

dve
PUBLISHING

Colección dirigida por Bernadette Costa-Prades.

A Pissú, que hace pipí en todas partes.

Lo mojado no teme la lluvia.
Proverbio griego moderno

Diseño gráfico de la cubierta de Bruno Douin.

Ilustración de la cubierta de Jesús Gracia Sánchez.

Traducción de Ariadna Martín Sirarols.

Título original: Les pipis font de la résistance.

© Editorial De Vecchi, S. A. 2018
© [2018] Confidential Concepts International Ltd., Ireland
Subsidiary company of Confidential Concepts Inc, USA
ISBN: 978-1-68325-776-9

Introducción

«¡Pipí!» El grito, estridente, resuena en plena noche. Rápido, hay que levantarse para acompañar al niño al baño. ¡Mientras que no haya mojado la cama! Con los ojos medio cerrados, camina a oscuras hasta su habitación. ¡Demasiado tarde! Ya ha mojado la cama. Ya dura varias semanas… ¿Hasta cuándo? No es fácil aprender a controlar el cuerpo. Además, antes de los 5 años, los accidentes ocasionales se consideran naturales. Sólo se puede hablar de enuresis cuando persisten. En torno a los 5 años, la enuresis afecta a entre el 10 y el 15% de los niños, y en la adolescencia, este trastorno desaparece, salvo en casos muy excepcionales. ¿Pero hay que esperar hasta entonces sin hacer nada? No, porque aunque aparentemente los niños enuréticos parezcan «normales», sin problemas particulares, este trastorno revela carencias en su desarrollo y constituye para ellos una innegable molestia. Sin hablar de la cama que debe cambiarse todas las mañanas, montañas de sábanas por lavar, que por fuerza generan estrés en los padres y afectan a la relación con el niño. Una situación que deriva en muchos casos de múltiples causas, a menudo relacionadas con el aprendizaje del control de esfínteres. Porque a menudo en torno a ese aprendizaje, fundamental en la educación de los pequeños, se enlazan problemas afectivos que pueden ser el origen de la enuresis. Para el niño representa un fracaso del que nace un sufrimiento que puede impedir que se desarrolle serenamente. Es la razón por la que es necesario ayudarle a combatir su incontinencia urinaria, no dejar que el problema se instale. Este libro intenta aportar las claves para entender mejor las causas de la enuresis y aportar soluciones concretas. Encontrará muchos consejos prácticos que puede practicar en casa. Si eso no basta, no dude en hablar de ello con su médico o en consultar a un psiquiatra infantil. Esta obra explica lo que se puede esperar de la medicina de hoy y por qué un apoyo psicológico se hace a menudo necesario. Y, para terminar, aborda otro problema, a menudo silenciado, pero que existe y provoca un gran sufrimiento en el niño y su familia: la encopresis, trastorno que afecta a los que tienen incontinencia fecal. Todas las dificultades pueden resultar muy pesadas de soportar, pero no tienen nada insuperable y todo el mundo puede, a su nivel, ayudar al niño.

Capítulo 1

La limpieza, una noción ambigua

Las palabras que se emplean no son siempre las correctas. A menudo se habla de enseñarles a ser limpios. ¿Acaso los bebés que llevan pañal son sucios? ¿Y si en lugar de centrarnos en su limpieza nos interesáramos más por la relación que el niño mantiene con su cuerpo y el modo de conseguir controlarlo?

¡Ante todo, cuestión de autonomía!

Sin duda, para un adulto, que un niño lleve pañales o se haga sus necesidades encima es sinónimo de pañales que cambiar y ropa que lavar. Queremos que el niño controle los esfínteres, primero por su bienestar y su salud, pero también porque está sometido a la mirada de los demás y no queremos que piensen que nos ocupamos mal de él. La limpieza es una cuestión de higiene y también una norma social. Pero desde el punto de vista de niño, es una cosa completamente distinta. Para él, se trata más bien de una cuestión de dominio de su cuerpo. ¿Conseguirá controlar los esfínteres? Y después, ¿podrá ir al baño cuando lo desee? Todo se complica porque debe al mismo tiempo responder a la demanda de los adultos, que a veces tienen unas ideas muy atrasadas sobre el momento y el lugar donde debe «hacerse». ¿Tiene que acceder a su demanda o bien decidir él mismo lo que le conviene? La tarea de los padres consiste pues en acompañar su deseo de autonomía, enseñándole al mismo tiempo las reglas de higiene necesarias para una vida sana y en sociedad.

Es normal que muestre interés por su propio cuerpo

Al principio de su vida, el niño toma conciencia de su cuerpo a través de los cuidados que le prodigan las personas que se ocupan de él. Cada vez que lo cambian, cuando lo bañan, cuando lo miman, presta atención a las distintas partes de su cuerpo que son objeto de esos cuidados. Después, cuando crece, descubre todas las nuevas posibilidades que le ofrecen sus músculos y sus miembros: aprenderá a coger los objetos, a andar... Sus manos le resultan muy valiosas. Además, cuando está en presencia de un objeto nuevo, siempre empieza por tocarlo para conocerlo mejor. Con su cuerpo, pasa lo mismo. Necesita tocarlo para apropiarse de este. Para él, es muy natural. Y también se interesa por sus heces con total naturalidad, y se sentirá tentado de cogerlas del orinal con la mano para tocarlas. Es preciso explicarle que no debe hacerlo, pero sin reñirlo. Entre 1 o 2 años, el niño entra en el período que Freud llamó el estadio anal. Primero siente un placer fisiológico al sentir las heces pasar por su cuerpo, al expulsarlas o retenerlas. Después, a medida que crece y que domina su cuerpo, el placer llega sobre todo por el control que puede ejercer en toda esta mecánica. Con sus excrementos, descubre la noción de propiedad y el poder que tiene de mantenerlas con él o «dárselas» a las personas que le piden que lo haga en el orinal. Pero no es fácil para él renunciar al interés por esta parte de sí mismo. Acabará sin duda por adaptarse a las reglas de los adultos y por aceptar no tocarlas, pero la fuente de deseo no desaparecerá: se dirigirá hacia otros placeres autorizados, como jugar con la arena, la pasta o modelar. La creatividad del niño también se apoya en las prohibiciones.

¡El pipí no es sucio!

En una sociedad en la que los detergentes lavan «más blanco que la nieve», la suciedad se ha convertido en una preocupación importante, y el bebé va a descubrirlo muy pronto. «Se ha vuelto a ensuciar, hay que cambiarlo» oyen a menudo. O también «hay que poner el pijama en la ropa sucia». Si después se arruga la nariz al cambiarlo o bien se sujeta el pañal sucio con la punta de los dedos, asociará ese asco a este tipo de suciedad. Un asco que se le intenta a veces inculcar. «No toques, es caca», le dicen sobre sus excrementos. Una afirmación falsa, al menos en relación con la orina, que es estéril y no vehicula microbios. Por consiguiente, no existe ningún riesgo de contraer ninguna enfermedad si se toca el pipí. En cuanto a la caca, sin duda no es estéril, pero tampoco menos que los alimentos; sin embargo, tampoco debe centrarse demasiado sobre su aspecto repulsivo. Nada parecido para sembrar la confusión en su mente. ¿Cómo entender que estas sustancias, que vienen de lo más íntimo de uno mismo, causen todos esos sentimientos negativos en sus allegados? Que sus padres, que esperan impacientes lo que sale del orinal, le den tanta importancia a algo sucio, cuando en general no les gusta mucho que juegue con barro o que se ponga de papilla hasta arriba. Y a menudo oye: «¡No hagas eso, te vas a ensuciar!». Lo mejor es explicarle que sus excrementos no son ni buenos ni malos. Es simplemente una materia que su cuerpo ya no necesita. Por ejemplo, puede decirle: «el pipí es agua que limpia el cuerpo y que se va cuando el cuerpo ya no la necesita.» Además, al niño no le cuesta demasiado entender que el agua que bebe saldrá transformada en orina. Basta sólo con ver el éxito de las muñecas que hacen pipí. Qué placer darles de beber para ver cómo la expulsan después. A través de ese juego, el niño puede comprobar así algo que constata todos los días en sí mismo. También se interesa mucho por el destino de sus excrementos que expulsa en el baño. ¿En qué se convierten? ¿Desaparecerán para siempre? Usted sólo tendrá que tranquilizarlo, mostrarle las cañerías del váter y explicarle que su pipí se transformará en agua y su caca llegará a la tierra para abo-

11

narla. Los niños que viven en el campo saben muy bien que el abono es útil para que crezcan las plantas. El pequeño de la ciudad tiene que aprenderlo: lo que sale de él puede ser muy útil para la naturaleza.

Palabras para decirlo

Sin duda, no es fácil reprimir las reacciones de rechazo respecto a lo que nos parece sucio. Sobre todo si nosotros mismos hemos recibido una educación muy severa sobre la limpieza. Inconscientemente, tenemos tendencia a copiar nuestro comportamiento del de los que nos criaron. Pero al menos podemos intentar distanciarnos de ese modelo del que nos hemos impregnado, cuidando nuestro lenguaje. Es mejor evitar decirle al niño que empieza a ir al orinal frases como «¡Cuidado, es caca!», o bien «Pronto serás limpio», lo que podría darle a entender que antes no lo era. Es preferible utilizar expresiones como «Ahora mandarás a tu pito», «Controlarás tu cuerpo», incluso «Qué bien, ahora podrás aguantarte y podrás hacer pipí cuando tú quieras». Quizá esto suene un poco «sabelotodo», pero ¿acaso no es también una forma de mostrarle que a partir de ahora formará parte de los mayores?

Lo esencial

▨ ¡Cuidado con las palabras! Cuando se le dice a un niño que tiene que ser limpio, eso deja entender que antes era sucio. Y el niño sabe que a los adultos no les gusta la suciedad.

▨ Aprendiendo a controlar sus esfínteres, el niño descubre sobre todo la autonomía, más que la limpieza.

▨ Los niños necesitan tocarse el cuerpo para apropiarse de él. Asimismo, quieren tocar sus excrementos, que son como una parte de sí mismos. Nada sorprendente pues, aunque debamos explicarle que tiene que renunciar a esto porque no dejan de ser desechos.

▨ En lugar de decirle que el pipí y la caca son sucios, es mejor hacerle entender que son materias de las que el cuerpo se deshace, porque ya no las necesita.

Capítulo 2

Control de esfínteres de día

Lo mejor es no proponerle el orinal al niño hasta que alcance la madurez física y psíquica necesaria para controlarse. En efecto, aprender a controlar los esfínteres demasiado pronto y con demasiada rigidez puede favorecer la enuresis.

Menos exigencia que antes

Hace unos veinte años, cuando había que lavar los pañales de tela y cuando había más niños en todos los hogares, las madres tenían prisa por ver a sus pequeños hacer sus necesidades en el orinal. Así, se aprendía antes a controlar los esfínteres y a menudo era un aprendizaje más limitativo para el niño, al que a veces se obligaba a estar sentado durante horas esperando a que expulsara sus excrementos. Hoy en día, con los pañales desechables y casi impermeables, todo es mucho más fácil. Tan fácil, incluso, que los padres se sienten menos motivados para que su hijo aprenda a controlar los esfínteres. En algunos casos, incluso, se tiene la impresión de que este aprendizaje se deja de lado, ya que nadie piensa en el interés del niño. Nadie... excepto la escuela, que rechaza admitir a niños que no sepan controlar los esfínteres. Así pues, en algunos casos aislados, se encuentran de pronto siguiendo sesiones de aprendizaje del control de esfínteres de manera intensiva unos días antes del inicio de las clases. Es una lástima llegar a este punto, porque el niño necesita atravesar esta etapa hacia la autonomía con total serenidad, sin sentirse presionado por el tiempo.

¿Deseo de los padres o deseo del niño?

De ese modo, el período de los pañales tiende a eternizarse, mientras que en otros tiempos se deseaba que fuera lo más corto posible. Se tenía prisa por educar al niño a controlar los esfínteres ante todo. Tanto es así que a menudo oímos a nuestras madres y abuelas afirmar con orgullo: «¡Mi hijo, cuando tenía un año,

16

ya no llevaba pañales!» Una afirmación no muy exagerada... ¿Pero a qué precio? Es cierto que a fuerza de estar sentado en el orinal, el niño acababa por hacer sus necesidades, pero ¿a qué edad era verdaderamente capaz de sentir que necesitaba hacer pipí o caca e ir él mismo al baño? En efecto, un niño de un año no ha alcanzado todavía la madurez física necesaria para controlarse. Su cerebro aún no puede dar las órdenes a sus esfínteres, sus músculos circulatorios, que al apretarse, piden que salga la orina y las materias fecales. Y además, eso le supera un poco, ya que aún le gusta que le cuiden, le limpien y todavía no siente el deseo de ser mayor de ese modo. Sólo a partir de los 15-18 meses empieza a ser capaz de comenzar a retener su orina o a defecar cuando siente que su vejiga o su intestino están llenos. Pero cuidado, aprender a controlar los esfínteres no se hace en un día. A veces se necesitan varios meses.

A cada cual su ritmo

La edad para empezar a controlar los esfínteres puede variar mucho de un niño a otro. Del mismo modo que no aprenden a andar ni a hablar al mismo tiem-

po, no todos son capaces de controlar los esfínteres
a la misma edad. Entre los 2 y los 4 años, aproxima-
damente, la mayoría de niños se vuelven continentes, primero de día, después por la noche, y no sirve
de nada compararlos unos con otros. Y aunque su
hermana mayor, María, controlara los esfínteres de
día a los 20 meses, eso no implica que haya de pasar
lo mismo con su hermanito Kevin. Y si a los 2 años todavía está muy apegado al pañal, es inútil forzarlo
para que lo abandone, ni tampoco alarmarse por
ello. No, no tiene ningún retraso, ni es menos espabi-
lado que su hermana. Simplemente es diferente. Lo
que cuenta es ponerle en el orinal el día que esté listo. ¿Cómo saber si un niño está listo? Primero ob-
servándolo. Para que pueda aprender a «hacerlo»
en el orinal, basta que sea capaz de andar hasta este, bajarse los pantalones y sentarse solo. También es
preciso que sea lo bastante mayor para sentirse a
gusto una vez sentado, con los pies en el suelo, en
una posición estable y equilibrada. Es imposible pedirle que controle los esfínteres si no domina bien su
cuerpo. Un niño pequeño que no sabe subir y bajar
solo de la escalera del tobogán, ni jugar agachado
o golpear un balón, no domina la parte baja de su
cuerpo y en general no es capaz de llegar a contro-

larse. Su deseo de autonomía también tiene que tenerse en cuenta. Si no le gusta jugar solo, si reclama
sin parar que alguien lo lleve a cuestas, existen pocas posibilidades de que esté preparado para
abandonar el pañal. Además, es importante que sepa hablar y que pueda mostrar su interés por el tema. Si pronuncia a menudo las palabras «pipí», «caca», «orinal» y empieza a señalar cuando ha mojado
el pañal, es sin duda que está preparado para pasar
esta nueva etapa. Y lo hará todavía con mayor placer si atraviesa una etapa en la que quiere que sus
padres estén concentos, o si los ve interesados por
sus progresos. Si no parece motivado, está más bien
en una etapa de oposición o afectado por el nacimiento de un hermano o tensiones familiares, es mejor esperar algunos meses. Después de todo, no hay
ninguna prisa a esa edad y no existe ninguna venta-
ja para el niño para que controle los esfínteres a los
18 meses más que a los 2 años o 2 años y medio.

¡Adiós al pañal!

Si hay que esperar a que sea el momento adecuado
para el niño, también hay que esperar a que sea el

momento adecuado para los padres. En efecto, este tema exige paciencia y constancia por parte de estos, y tienen que acompañar al niño y aceptar que no se dejarán llevar, aunque tengan que lavar la ropa más a menudo. Habrá que evitar los períodos en los que están desbordados de trabajo, estresados o cansados, y es mejor empezar durante las vacaciones, cuando se dispone de más tiempo.

Antes de quitar el pañal, es conveniente hablarle del orinal, escoger juntos un modelo atractivo y cómodo (con un reborde delante para un niño con tendencia a proyectar la orina fuera del orinal) y explicarle que tiene que hacer pipí y caca dentro. Para que el niño tome conciencia de lo que se espera de él, primero se le puede pedir que se entrene a sentarse en el orinal completamente vestido. Después se le puede pedir que vaya al orinal cuando el pañal esté sucio, para que asocie la presencia del orinal con la emisión de orina y excrementos, y por último se puede verter el contenido del pañal en el orinal o en el baño para que vea qué pasará. Otra propuesta: imitar la escena con una muñeca, un juego que gusta mucho a los pequeños, ya que pueden repetirla. La muñeca representa el doble del niño. Con ella puede rechazar las escenas que ha vivido y expresar sus aprehensiones, sus tensiones. ¡Una buena manera para dominarlas y superarlas!

¡Adelante!

Para que el niño aprenda a pasar definitivamente del pañal, lo mejor es dejarle ir y venir libremente en calzoncillos o braguitas, para que sólo tenga que bajárselos cuando sienta una necesidad apremiante. Al principio será inevitable que se le escape algunas veces y tengamos que limpiar el suelo o la moqueta. Por ello es preferible empezar en verano, cuando los niños pasan gran parte del tiempo fuera, en bañador. También puede optarse por las braguitas-pañal que se pueden subir y bajar como unas de verdad y absorben los escapes. Eso evita tener que limpiar a menudo las braguitas o calzoncillos y el suelo.

Al principio se le puede enseñar el orinal a menudo cuando veamos que se balancea y que tiene ganas de hacer pipí. Para la caca, hay que intentar saber cuándo tiene la costumbre de hacerla e incitarlo a ir al orinal en ese momento, en general después de una de las comidas principales. ¡Obviamente, al principio no es cuestión de dejarlo ir solo! Tenemos que que-

Cuando el pipí se resiste

darnos con él y animarlo con la voz. Si no tiene ganas
en seguida, se le puede dar un juguete, un libro, pero
debe evitarse ponerlo frente a los dibujos animados. Si
se siente cautivado por la televisión, no podrá concentrarse en sus sensaciones y eso no lo ayudará a
controlar sus esfínteres. Y además no sirve de nada
dejarlo sentado en esta posición durante horas. Si viene, mejor, y si no, mala suerte. Lo principal es que sea
capaz de reclamar el orinal solo. Pronto empezará a
decir «caca» o «pipí» cuando sienta unas ganas apremiantes, aunque puede equivocarse entre los dos tér-
minos, porque no identifica bien sus sensaciones. Se
trata de llevarlo al orinal lo antes posible, allí donde
esté. Por razones prácticas, es mejor durante estos períodos no ponerle tirantes o un mono difíciles de quitar.
Porque poco a poco es preciso incitarlo a ser autónomo e ir solo al orinal, preferentemente al baño, para
respetar su intimidad y no indisponer al resto de la familia o a los invitados. Cada vez que logre orinar o defecar, no dude en felicitarlo y mostrarle que está contento de ver que se está haciendo mayor. En efecto,
es importante que entienda que si se le impone todo
eso no es para molestarlo, ni siquiera para que los
adultos estén contentos, sino más bien porque es interesante saber dominar el cuerpo.

■ Los pequeños accidentes, inevitables

Al principio, los escapes serán frecuentes. El niño no siente ganas de ir la baño, y su vejiga llena se desborda de repente. En esos casos, es preciso aprovechar para indicarle: «¿Ves?, no es agradable», o bien: «Podrías haberlo hecho en el orinal.» Eso puede ayudar a identificar la sensación de vejiga llena y asociarlo a lo que se espera de él. A veces el niño dice con orgullo «pipí» para pedir el orinal y... al mismo tiempo se da cuenta de que se lo ha hecho encima. Más que reñirlo por no haber sabido esperar, es preferible felicitarlo por haber intentado avisar de que necesitaba el orinal. Para que no se sienta mal al principio se le puede proponer que se ponga un pañal por seguridad, cuando se va de compras, o cuando se va de paseo. Mientras está aprendiendo a contenerse e incluso después, cuando sepa controlarse, tampoco estará a salvo de pequeños accidentes. No es extraño que un niño, enredado por su juego, se retenga, hasta que ya no pueda más y se lo haga encima. Hasta los 4 o 5 años, estos escapes no tienen nada preocupante ni patológico. Además, no se habla de enuresis hasta los 5 años. Así pues, hay que tomárselo con filosofía.

Animales que se les parecen

A los pequeños les encanta ver cómo los animales hacen pipí y caca. Sobre todo los grandes: vacas, caballos, elefantes o jirafas... Sin duda se sienten fascinados por su fuerza, sus enormes deyecciones, pero también porque se dan cuenta de que esos mamíferos son como ellos. Su observación les permite entender mejor lo que pasa en ellos, distanciarse respecto al funcionamiento de su cuerpo y la naturaleza. Nada más edificante para los más pequeños que un paseo por el zoológico o, mejor aún, por el campo. Mostrándoles las cacas de las vacas en los caminos y en los prados, se les puede explicar que regresa a la tierra y se transforma en abono, que ayudará a las plantas a crecer. A menudo los niños se preguntan en qué se convierten sus excrementos y a veces sufren por verlos desaparecer en el váter; en ese caso esa es la mejor respuesta. Basta con explicarles que lo que se va por la cañería acaba llegando a la naturaleza, y entienden que lo que sale de su cuerpo no se pierde para siempre, sino que se recicla. Por otra parte, algunos adoran imitar a los animales haciendo pipí en la hierba. A esa edad, los niños aprenden mucho por imitación. Y es más fácil para ellos dominar sus emisiones de orina o de materias fecales cuando tienen la costumbre de ver a los animales hacer pipí o caca, o bien a sus hermanos y hermanas ir al baño o al orinal. Asimismo, los que están con niños de la misma edad, con un cuidador o en el parvulario, aprenden con mayor facilidad a ser continentes, ya que les apetece hacer como sus compañeros.

Niñas y niños, una madurez diferente

No crea que es cierto el viejo refrán machista que dice que todas las niñas son «meonas». La enuresis no es en absoluto un tema que afecte sólo a las niñas, al contrario. Dos de cada tres niños con enuresis son niños. Y las niñas logran controlar los esfínteres un poco antes que sus compañeros. ¿Quizá porque, en general, las madres son muy exigentes con sus hijas en cuestión de control de esfínteres y tienen tendencia a sobreproteger a sus niños, lo que les vuelve menos autónomos? ¿Quizá parece que a los niños les cueste más controlarse debido a la hormona masculina, la testosterona, que les lleva antes a la acción, a la exteriorización? Pero también puede pensarse que los niños tienen mayor necesidad de oponerse a su madre para construir su identidad de niño, y como la limpieza es a menudo una cuestión más propia de la madre, eso podría explicar que tarden más en controlarse. Sin embargo, sólo son hipótesis sobre una cuestión que está lejos de estar zanjada... Sin duda, las niñas a menudo tienen un deseo apremiante y no se esconden por ello. Para ellas, hacer pipí no es sólo la satisfacción de una necesidad natural, sino casi un acto social. Van gustosamente al baño en grupo, piden a sus compañeras que les «sujeten la puerta» y aprovechan su paso por el baño para conversar. Los niños son mucho más discretos, salvo cuando se divierten con sus compañeros haciendo pipí lo más lejos o lo más alto posible. Una demostración de virilidad que descubre que la forma de hacer pipí está ligada a la afirmación de la identidad sexual. Así, los niños empiezan a hacer pipí sentados como las niñas, pero al crecer se ponen de pie, como los hombres. Por el contrario, a veces se ven algunas niñas intentando imitar a los niños orinando también de pie, sobre todo en verano, cuando están en el campo. La proximidad del aparato unitario y de los órganos genitales hace que la función urinaria y la sexualidad estén muy asociadas una con otra en la imaginación, y todavía más en los niños debido a que su pene vehicula a la vez orina y esperma. Además, a veces se emplea el término «pito» para designar los órganos genitales. ¿Acaso no se dice por ejemplo «jugar a tocar pito»? ¿Y si la enuresis fuera sólo para el niño una forma de expresar sus angustias, sus preguntas respecto a la sexualidad?

Los padres, abuelos y cuidadores deben utilizar el mismo discurso

Es importante que todos los adultos que se ocupan del niño (padres, cuidadores, abuelos...) se pongan de acuerdo sobre el momento y la forma de abordar el aprendizaje de la continencia. Por ejemplo, si la abuela le obliga a estar mucho rato en el orinal y le riñe cuando no consigue hacerlo dentro, mientras que sus padres siguen utilizando el pañal (o por el contrario, si los padres son más rígidos que los cuidadores, en este caso la abuela), el niño puede no entender nada en absoluto. ¿Por qué lo que le agrada a uno no le gusta al otro y por qué uno se enfada y el otro no? ¿Qué tiene que deducir? ¿Qué está bien y qué está mal? ¿Cómo tiene que comportarse? Es importante que exista incluso una coherencia educativa en torno a este tema, que afecta a lo más íntimo de sí mismo; si no, co-

rre el riesgo de sentirse trastornado y le costará aprender a controlar sus esfínteres. Sin duda, puede haber
alguna diferencia en materia de educación de una
persona a otra, pero lo esencial es que estos puntos de
vista divergentes no entren en la rivalidad de los adultos, sobre todo en el seno de la familia. No hace falta
que aprender a controlar los esfínteres se transforme
en un reto importante, ni que la madre y la abuela se
sientan responsables del fracaso o el éxito del niño a la
hora de hacer sus necesidades en el orinal. Después
de todo, es su cuerpo, su historia, más que la de su madre o de su abuela. Además, se tiene que demostrar
flexibilidad, e intentar conseguir sólo una cosa: el bienestar del niño. Cuanta más armonía se perciba en los
adultos de su alrededor, más a gusto se sentirá el niño.
Se tiene que favorecer en su aprendizaje todo lo que
pueda confortarlo. Al fin y al cabo, si está muy allega-
do a su orinal y si necesita llevárselo a casa de la abuela porque eso lo tranquiliza, ¿por qué no?

Resolver los conflictos

Si realmente se niega a sentarse en el orinal y no se
está quieto cuando está sentado, es inútil reñirlo.

Quizá no está listo para el aprendizaje. Sin duda, no ve ningún interés en hacerlo dentro del orinal. Es normal, porque desde que nació ha llevado pañales. Son casi como una parte de sí mismo. ¡Si se dibujara seguramente también se representaría así vestido! Es fácil entender que no quiera renunciar a ello.

Además, significa decir adiós a esos momentos de complicidad que lo unen a su papá o a su mamá cuando lo cambian. Y, además, si es el único de la familia que utiliza un orinal, si no está en contacto con otros niños que también lo utilicen, eso no lo ayuda a entender lo que se espera de él. Algunos orinales son tan atractivos que parecen juguetes, y puede ser adecuado escoger uno más neutro. Además, mientras no se sienta motivado, es mejor abandonar este aprendizaje y retomarlo dos o tres meses más tarde. En efecto, si se convierte en objeto de conflicto, puede provocar a largo plazo una enuresis de oposición. Cuanto más insista, más se bloqueará el niño, sobre todo si se encuentra en el famoso período del no, muy frecuente en torno a los 2 años. No quiere ir al orinal. ¿Reclama su pañal? Pues, mala suerte, no le haga reproches, incluso aunque otras madres le digan que tendría que conseguirlo si su hermano ya controlaba los esfínteres a la misma edad. Después de todo, su cuerpo le pertenece y existen otros medios para que tenga ganas de dominarlo: animarlo a vestirse y comer solo, o ir en triciclo, subir al tobogán... Los juegos de agua también son muy útiles, porque no hay nada como llenar botecitos pequeños y vaciarlos, jugar con cañerías o hacer presas para entender cómo circula la orina en el cuerpo y querer controlarla. Pero si a pesar de todo eso su hijo sigue rechazando el orinal, también puede proponerle ir directamente al baño, como los mayores. Hoy en día, existen adaptadores que hacen que el váter sea más accesible para los niños. Se puede instalar un taburete para que pueda sentarse solo. ¿Por qué no intentarlo? Lo principal es ser flexible para que el aprendizaje del control de esfínteres se efectúe serenamente.

Lo esencial

Con 15 o 18 meses, un niño no es capaz de controlar los esfínteres y todo intento de aprender a controlarlos procede más de los condicionamientos que de los deseos reales de crecer.

Para que el niño tenga ganas de sentarse en el orinal, es mejor dejarle sin pañal durante el día.

Este aprendizaje tendrá mayor sentido para él si le explicamos que estamos contentos de verlo crecer y no existe el reto de una rivalidad entre su madre, su abuela o sus cuidadores.

Los pequeños accidentes tienen su parte positiva, porque permiten que el niño tome conciencia de sus sensaciones.

Un aprendizaje forzado le puede bloquear y provocar enuresis.

Capítulo 3

El control de esfínteres por la noche

Cuando el niño controle los esfínteres durante el día, se puede intentar quitarle el pañal por la noche. Pero debe comprobar, antes de hablar con él, si está suficientemente maduro y motivado para iniciar este proceso.

¿Listo o no?

Para que un niño pueda conseguir controlarse por la noche es preciso que ya no tenga escapes de día. Es inútil pedirle que no lleve pañal por la noche si le cuesta controlarse de día, ya que es más difícil controlar los esfínteres cuando está profundamente dormido y sumergido en los sueños. Esta aptitud requiere una cierta madurez del cerebro y del sistema nervioso. Es preciso que el cerebro registre las señales que le indican que la vejiga está llena, y después que ordene a los esfínteres que se cierren para impedir que salga la orina, y si las ganas son apremiantes, que ordene al organismo que se despierte. Una serie de operaciones mucho más complejas, ya que por la noche el umbral de vigilia disminuye y la conciencia da paso a la inconciencia. El niño tiene que enfrentarse al mismo tiempo a sus sueños y sus pesadillas, manteniendo, no obstante, el control de sí mismo. ¡Un fantástico reto!

A menudo los mismos pequeños son los que le indican si están listos o no para dar este paso. Algunos se despiertan muchas mañanas con el pañal seco, lo que demuestra que ya no lo necesitan, mientras que otros, menos, deciden un día que ya no quieren dormir con pañal. Hay que escucharles, dejarse guiar y confiar en ellos. Sin duda, son capaces de controlar su vejiga. A menudo, esta adquisición de la continencia se produce en torno a los 3 años, varias semanas o incluso varios meses después de que el niño haya aprendido a controlar los esfínteres de día. Además, se puede aprovechar su cumpleaños para señalar la fecha y proponer quitarle el pañal por la noche. Pero evidentemente no hay edad ideal. Todo depende del niño. Según los casos, el nacimiento de un hermano o la vuelta al colegio o al parvulario puede retrasar o por el contrario acelerar su deseo de autonomía. Usted tendrá que ver si su niño está en una fase en la que quiere hacerlo todo solo o si, por el contrario, reclama a menudo estar en brazos, cariñitos y quiere seguir siendo su bebé. Porque en ese caso, seguramente no será el momento de instaurar ese cambio y privarlo de su pañal.

Pequeños trucos para que funcione

⇨ Primero hable con él

Es mejor hablar con el niño sobre la decisión de quitarle el pañal por la noche ya que, si no encuentra interés en ello, existen pocas posibilidades de éxito. Explíquele dos o tres semanas antes que ahora ya es mayor y que lo cree muy capaz de aguantar el pipí toda la noche. Si ve que esta perspectiva le interesa, y que le apetece demostrar que es mayor, entonces es el momento para intentar quitárselo. Para lograrlo, se tiene que comportar como un socio activo. Él tiene que decidir intentar controlar los esfínteres, y porque tiene confianza en sus capacidades, usted le hace la propuesta. Explicándole eso, le muestra lo contento que está de ver que se ha hecho mayor.

⇨ Facilítele el acceso al orinal

Si despierta en plena noche con muchas ganas de orinar, es preciso que pueda hacerlo sin problemas. Para empezar, póngale un pijama fácil de bajar, y si duerme en una cama con barrotes, ponga el colchón en posición baja y baje la barrera, para que pueda salir libremente. Recuerde poner el orinal al pie de su cama y prevea una luz accesible o una lámpara de noche para que pueda levantarse sin temerlo. Porque a veces el miedo les impide salir de la cama y los paraliza y hace que se hagan pipí encima. Por si acaso se produjera esto, prevea sábanas fáciles de lavar y de cambiar, y un buen protector. De ese modo no vivirá con el temor de los escapes nocturnos.

⇨ Despiértelo por la noche

Si tiene tendencia a despertarse un poco entre dos ciclos de sueño, aprovéchelo para que haga pipí. Si no, despiértelo suavemente antes de acostarse y llévelo medio dormido al orinal o al baño. Eso lo ayudará a aguantar hasta la mañana. Tampoco le tiene que dar demasiado líquido para beber por la noche. A su edad, su vejiga todavía es pequeña y no tiene que llenarse demasiado si quiere que aguante varias horas sin orinar. Se acabó el gran biberón antes de dormir. Se puede sustituir por otro ritual, como contarle un cuento, cantarle una nana o disminuir la cantidad de leche, si no se quiere cambiar de golpe. ¡No es cuestión de que se muera de sed! Se puede dejar tranquilamente un vaso de agua en la mesita. A menudo los niños hacen pipí por la noche, porque sueñan que están bebiendo. Quizá si puede despertarse para beber, ya no tenga escapes urinarios durante el sueño.

⇨ Evite las humillaciones

¿No consigue contenerse e inunda las sábanas? Es inútil reñirlo o poner cara de enfadado, aunque eso pase varias noches seguidas. Algunos niños tienen un gran deseo de hacerlo bien y pueden vivir mal el fracaso, sobre todo si los reproches se hacen delante de los hermanos y hermanas o incluso delante de los cuidadores. Después de todo, se trata de un asunto íntimo y no es necesario hacerlo público. Su pequeño necesita sobre todo comprensión y atención. Aunque no resulte fácil mostrarse comprensivo cuando se descubre que se tiene que volver a hacer toda la cama del niño por la mañana y que tenemos prisa para ir a trabajar, es importante no dejarse llevar. ¿Y si le pide al padre que le ayude? ¿Y si organiza la mañana de otro modo? Seguramente existen soluciones para que la tarea sea menos pesada y aceptar con mayor serenidad los accidentes nocturnos. Lo principal es que el niño no se sienta aplastado por el peso de la culpabilidad. A su edad, no merece la pena pedirle que le ayude a llevar las sábanas a la cesta de la ropa sucia. No se le puede exigir que haga como un niño de 7 u 8 años. Al contrario, no se debe insistir demasiado en el acontecimiento y limitarse a decir: «Qué lástima, bueno ya lo conseguirás la próxima vez. »

¿Volver a poner pañal?

Si se consigue ser paciente, es mejor, porque mientras el niño conserve un pañal, no se sentirá motivado para aprender a no hacer pipí por la noche. ¡La ropa de hoy en día es muy cómoda y puede no sentirse molesto si está mojado! Y además, si se corre a ponerse una protección, será la manera de decirle que no soporta que se haga pipí en la cama. Es una lástima, porque seguramente necesita tiempo para aprender a saber

cuando duerme cuándo su vejiga está llena o despertar en el momento oportuno. Aceptar cómo crece su
niño es también dejar que experimente, fracase y
vuelva a empezar. Evidentemente, si los fracasos son
demasiado numerosos, es mejor intentar saber a qué
hora se producen los accidentes, con qué frecuencia.
A veces basta con encontrar el momento del escape
y despertarlo un poco antes para que haga pipí en el
orinal y así resolver el problema. Pero también es importante escucharlo y observar sus reacciones para
calcular si verdaderamente le apetece dejar el pañal
o si se lo estamos pidiendo demasiado pronto. Si parece superado por la situación, si dice «No lo conseguiré,
es demasiado duro», sin duda no ha madurado lo suficiente como para dar este paso. En ese caso, es mejor
proponerle que vuelva a llevar pañal, indicándole que
eso no es grave, y que se volverá a empezar un poco
más tarde, cuando esté listo. Lo importante es ser flexible y adaptarse al comportamiento del niño.

¡Caca!

Cuando haya aprendido a controlar los esfínteres,
llegará un día en que su pequeño le lanzará a la ca-

Cuando el pipí se resiste

ra un alegre «¡caca!» antes de echarse a reír. Esta palabra cosecha un gran éxito en los cursos de parvulario, porque corresponde a una etapa importante en el desarrollo de los niños. Cuando se ponen a jugar con estas palabras, es porque han aprendido a controlar los esfínteres y empiezan a dominar el lenguaje. Ahora que tienen el placer de controlar su cuerpo, pueden darse el placer de regresionar evocando esta etapa en la que sus cacas tenían tanta importancia para ellos y para sus padres. Palabras como «pito», «pipí», «culo» desencadenan enseguida su hilaridad. Mediante el lenguaje muestran el interés que tienen por esa zona del cuerpo, tienen conciencia de jugar con lo prohibido, porque ven que esas palabras son tabú y que no se habla del pipí o el culo como se habla de las orejas o la nariz. Pero justamente de ahí procede su júbilo: ¡el placer de ejercer un poder sobre las palabras, pero también sobre los compañeros o los padres haciéndolos reír! Con la condición de saber detenerse a tiempo, antes de que papá o mamá se enfaden mucho. Pero también es agradable mostrar que se es capaz de reprimir las palabrotas y que dominamos muy bien las palabras como se ha sabido en otro momento controlar los esfínteres.

40

Lo esencial

░ Es inútil proponerle al niño que duerma sin pañal si no controla bien sus esfínteres durante el día.

░ No es fácil controlar el pipí durante el sueño. Para conseguirlo, el niño tiene que haber adquirido cierta madurez psicológica, y estar animado por una profunda voluntad de crecer.

░ Es mejor no hacerle reproches al niño que moja la cama y dejarle tiempo para que consiga controlar los esfínteres por la noche. ¡Y mala suerte si se producen accidentes!

░ También es mejor evitar volver a ponerle el pañal si no consigue controlarse, a menos que se desanime o que se muestre extremadamente como un bebé.

░ Cuando consiga controlar su cuerpo, al niño le encantará jugar con las palabras evocando las zonas genitales o los excrementos, como atestigua el éxito de muchas expresiones infantiles.

Capítulo 4

¿Y si no está listo cuando empieza la escuela?

Unas semanas antes de empezar la escuela, algunos niños todavía no parecen estar listos para dejar el pañal. Y, sin embargo, la escuela espera de ellos que se comporten como mayores. Por lo tanto, el trabajo de los padres consiste en mostrar a su niño que les gusta ver que es autónomo, sin centrar toda su atención en el orinal y... ¡sin estresarse!

Una etapa decisiva

Tanto si el niño va a empezar a ir al parvulario como a estar con cuidadores, se tolera bastante bien que no domine el tema del orinal. Se dice que todavía tiene tiempo para crecer. Pero cuando se ve que empieza la escuela, todo se acelera. En efecto, los maestros tienen la costumbre de rechazar a los niños que no controlan los esfínteres. De pronto se hace necesario que aprenda a ir sin pañal. El aprendizaje del control de esfínteres ya no está sujeto sólo a la exigencia de los padres, sino a una exigencia social, exterior. Para él, eso puede ser fuente de confusión y doblemente apremiante, porque puede tener la impresión de que es necesario que controle los esfínteres para que sus padres y los profesores estén contentos, sin ver ningún beneficio para él. Para los padres, es un poco angustiante, porque tienen la impresión de encontrarse frente a una carrera contra reloj y casi un examen. ¡El niño no puede perderse el inicio del colegio! Por ello no debe esperarse a que llegue ese momento para intentar que el niño aprenda a controlar los esfínteres. Cuanto más se anticipe, menos presionado por el tiempo se sentirá.

Todo depende de su edad

Acaba de cumplir 2 años y no manifiesta ningún interés por el orinal. Sin duda, no ha madurado lo suficiente para este aprendizaje. En ese caso, es mejor retrasar la entrada a la escuela, porque no será lo bastante autónomo para sentirse bien en el seno de una clase con veinticinco niños más. A los 3 años es un buen momento para ir a la escuela y ser autónomo. Incitándolo a controlar su cuerpo y a dominar los esfínteres le ayudará a superar la etapa. Y si el día que empiece la escuela no está listo del todo, mala suerte. De nada sirve retrasar su descubrimiento de la escuela. Por el contrario, si se da cuenta de que usted duda, eso puede reforzar su malestar. Puede pensar que teme que crezca. Cuando más contento se sienta de ir a la escuela y confiado en sus capacidades de hacerse mayor, antes se volverá autónomo. Pero cuidado, si acaba de tener un hermano o una hermana, corre el riesgo de no tener ningún interés en controlar los esfínteres para seguir siendo, él también, su bebé. Es imprescindible haberle enseñado el uso del orinal antes, porque no hay que pedirle demasiado a la vez.

No lo presione demasiado

Aunque la fecha fatídica se acerque a grandes pasos, intente disimular su preocupación. Es inútil decirle: «Si no te sientas en el orinal, la escuela no va a quererte.» Eso podría provocar el efecto inverso del que busca, sobre todo si teme ir al colegio. Además, es mejor no hacer demasiado hincapié en la escuela. Lo tiene que hacer sobre todo para él mismo, porque el niño tiene que estar limpio, porque es agradable dominar su propio cuerpo, y no porque lo exija la escuela. Favorezca todo lo que pueda animarlo a hacerse mayor: comer, vestirse y desvestirse, subir al tobogán, ir en triciclo… Eso contribuirá a darle ganas de ser autónomo y será mucho más eficaz que los reproches. Por su parte, déjelo sin pañal durante el día y piense en proponerle el orinal a menudo, sin que por ello se convierta en una obsesión. Y cuando consiga hacer pipí y caca, felicítelo efusivamente.

Negocie con la maestra

Si se le sigue escapando en el momento de empezar las clases, avise a la maestra de que lleva ropa de recambio (preferentemente en una bolsa con su nombre) «por si hay un accidente». Los problemas de este tipo son frecuentes en las clases de los pequeños, y los maestros aprecian que los padres se muestren cooperativos intentado anticiparse. A menudo, estos incidentes diarios desaparecen pronto, ya que a esa edad los niños tienen tendencia a identificarse con sus compañeros y a imitarse unos a otros. Nada mejor que ir a hacer pipí todos juntos al baño colectivo para convencer a los más dudosos de que lo hagan también. Salvo algunos niños, que deberían poder beneficiarse de baños individuales, la mayoría de los niños de 3 años no son púdicos y no sufren si tienen que orinar ante los demás. Y como en la escuela, las idas y venidas al baño son frecuentes, eso limita mucho más los riesgos de escapes durante el día. Sin embargo, si los accidentes se repiten todos los días y la maestra empieza a enojarse intente encontrar una solución con ella. ¿Volver a ponerle pañal al niño o mandarlo a casa? Es preferible evitarlo, ya que sería singularizarlo respecto a los demás y significaría que ha fracasado en su intento de crecer. ¿Acortar el día de clase? Quizá sea una buena idea, porque para un niño el tiempo que pasa en la escuela puede parecer muy largo, sobre todo si se queda a comer y pasa la tarde allí. No olvide que la maestra se tiene que ocupar en la mayor parte de los casos de unos veinticinco niños y que la vida en grupo impone muchas limitaciones, ruido, reglas que respetar... Quizá podría soportarlo mejor si los días se acortaran.

Quizá entonces le parecería menos difícil crecer. Si cree que puede funcionar, ¿por qué no llevarlo a comer a casa o recogerlo antes, o llevarlo a la escuela sólo por las mañanas? Si, a pesar de todo, los accidentes persisten, no dude en consultar con el pediatra o el psicólogo infantil. Eso puede ayudarle a desbloquear la situación.

Lo esencial

Antes de los 3 años es mejor no forzar al niño a controlar los esfínteres, aunque eso retrase el inicio escolar.

A partir de los 3 años, el niño puede controlar su vejiga. Si se producen accidentes al iniciar la escuela, el problema suele solucionarse en poco tiempo.

Para que el niño tenga ganas de controlar los esfínteres, primero es preciso que quiera crecer.

Si persisten los pequeños problemas, se pueden acortar las horas de escuela para disminuir su estrés y, si no funciona, consultar con un especialista.

Capítulo 5

Cuando se instala la enuresis

Hacia los 5 años, se considera que un niño debe saber controlar sus esfínteres. Si no lo consigue, entonces se habla de enuresis. Esta puede ser primaria, si nunca ha logrado controlarse, o secundaria, si se trata de accidentes después de un período de continencia. En cuanto a sus orígenes, son múltiples, porque la enuresis es sobre todo la forma que tiene el niño de expresar que algo no funciona, y la gama de dificultades a las que se puede enfrentar es muy amplia.

¿Un problema médico?

Aunque sucede pocas veces, pueden existir causas de origen médico, por lo que es necesario hablar de ello con el médico del niño. Este puede prescribirle incluso análisis médicos si lo considera necesario, especialmente si al niño le cuesta controlar sus emisiones de orina por la noche, pero también durante el día. Se pueden investigar distintos problemas.

⇨ **Un problema relacionado con un retraso psicomotor**

Un retraso en aprender a andar o a hablar puede provocar enuresis. Un niño al que le cuesta controlar su cuerpo y sus movimientos tampoco es capaz de controlar sus esfínteres. Además, hasta que no tenga 4 o 5 años de edad mental, raramente manifestará el deseo de ser autónomo para hacer pipí. Lo quiere cuando quiere.

⇨ **Afecciones del aparato urinario**

Si al niño le cuesta orinar, si le duele cuando hace pipí y si las micciones son frecuentes tanto de día como de noche, se puede tratar de un problema en los riñones o la vejiga, una infección, una malformación, un tumor benigno o, con menor frecuencia, cálculos renales. En caso de duda, el médico encargará una ecografía y una cistografía, un examen que consiste en inyectar un producto opaco en la vejiga para que sea visible en una radiografía.

⇨ **La epilepsia nocturna, un trastorno difícil de descubrir**

A veces, el niño puede tener crisis de epilepsia nocturna, sin que ni él ni sus padres se den cuenta de ello, e incluso sin que nunca haya tenido de día. Estas crisis de convulsiones no dejan rastros salvo las sábanas mojadas al despertar. La única forma de que un médico sepa si la enuresis se debe a una epilepsia es prescribir un electroencefalograma.

⇨ **Problemas fisiológicos**

La mayor parte del tiempo, la enuresis afecta a niños aparentemente «normales», que parecen no tener ningún problema, tanto en el plano de la salud como en el plano psíquico. También debe saberse que no existen pequeñas debilidades escondidas del cuerpo, que pueden ser el origen del trastorno. La inmadurez de la vejiga es una de las causas médicas indicadas con mayor frecuencia. Se basa en la idea de que el niño tiene una vejiga inmadura, parecida a la de un bebé, siempre lista para vaciarse bajo la presión de la orina, lo que explicaría sus repentinos deseos de hacer pipí y su incapacidad de controlarse, fuente de algunos escapes, tanto de día como de noche. Otra de las razones que se mencionan a menudo es que la vejiga de algunos niños es demasiado pequeña y secreta demasiada orina durante la noche, lo que causa un desarreglo hormonal.

Es posible. Sin embargo, eso no basta para explicar una enuresis nocturna. En efecto, aunque la vejiga se llene rápido, el niño siempre tiene la posibilidad de despertarse para hacer pipí por la noche. Pase que tenga accidentes los días en que está demasiado cansado para despertarse. ¡Pero si son varias veces por semana, no!

Estas hipótesis se plantean para niños con una enuresis primaria, los que nunca han controlado los esfínteres. Se asocian en general a estas razones de tipo psicológico, e incluso algunas se combinan entre sí. Las causas psicológicas se evocan también para los que sufren enuresis secundaria, aparecida después de un acontecimiento desencadenante: luto, mudanza...

Accidentes mal tolerados

¡Cuidado con darle demasiada importancia a las dificultades en aprender a controlar los esfínteres! Es la mejor forma para transformar en enuresis lo que al principio eran simples accidentes naturales para un niño que no acaba de dominar su cuerpo. Si por una parte recibe demasiados reproches cuando moja el suelo o la cama, y por el contrario, recibe un exceso de felicitaciones cada vez que hace pipí o caca en su orinal, se dará cuenta de que sus padres esperan mucho de él en cuestión de limpieza. El riesgo es que entonces se culpabilice cuando no consiga responder a la esperanzas de sus padres. Para un niño es muy duro decepcionarlos, no corresponderse con la imagen del niño ideal que han concebido. Sobre todo si, además, se tiene a un hermano o una hermana particularmente brillante, que lo hace sentir insignificante o mediocre... Eso puede provocar una pérdida de confianza en sí, que reforzará su sentimiento de impotencia frente a los accidentes nocturnos, y generará, al final, la enuresis.

El sueño, siempre incriminado

En la mayor parte de los niños, la enuresis es nocturna, sin duda porque es más difícil controlarse durante el sueño, cuando se desvela su conciencia y su inconsciente puede por fin expresarse. A menudo se cree que se hacen pipí en la cama porque duermen demasiado profundamente para despertarse. Es una idea falsa. Los estudios han demostrado que la enuresis no interviene durante las fases de sueño profundo, sino durante las fases de sueño paradójico, la de los sueños. Quizá lo desencadene los sueños de piscinas, fuentes... ¿O por miedo a las pesadillas? En efecto, en algunos niños, la llegada de la noche genera angustia. Tienen miedo de la oscuridad, del silencio, de estar solos en su cama. Podemos preguntarnos si, al orinar, no adoptan en el fondo un comportamiento muy primitivo, como si buscaran tranquilizarse marcando su territorio e impregnando las sábanas con su propio olor. La enuresis es entonces para ellos como una forma de domesticar la noche.

El miedo a crecer

Cuando un niño se pone a hacer pipí cuando antes controlaba sus esfínteres, basta con buscar un acontecimiento que haya desencadenado su enuresis para saber cómo ayudarlo. Pero cuando se trata de un niño que siempre ha mojado la cama, las razones de ese comportamiento son más difíciles de identificar. A menudo lo vence el deseo de seguir siendo un bebé. El niño no logra despegarse de su madre y teme todo lo que es nuevo. Toda incitación a la autonomía le parece insoportable y fuente de problemas: comer y vestirse solo, ir a la escuela, arreglar su habitación... Acaba por aceptarlo de día, pero por la noche, inconscientemente, no puede impedirse manifestar su rechazo. A veces, también el miedo a morir bloquea al niño. Imagina que si crece morirá; por lo tanto, hay que seguir siendo un bebé. En otros casos, el miedo a dañar a alguien es lo que le impide crecer. Si, por ejemplo, su padre está gravemente enfermo, puede tener miedo de su deseo de crecer, como si se sintiera culpable de querer ocupar el lugar de su padre y como si ese deseo pudiera ser responsable de su enfermedad. Ese mismo sentimiento existe a veces también en niños que no se ven confrontados a tales problemas. Para ellos, crecer es adquirir poder sobre sí mismos y sobre los demás y se sienten atenazados entre ese deseo de poder y el miedo que les inspira. Por ello intentan frenar su crecimiento comportándose como niños pequeños. Esta dificultad de proyectarse en el futuro puede reforzarse cuando un niño siente que es objeto de deseos contradictorios por parte de sus padres: si, por ejemplo, su madre quiere que siga siendo su bebé, mientras que su padre tiene prisa por verlo crecer (¡también puede ser lo contrario!). Nada igual para sumergirlo en un abismo de incertidumbre. ¿Qué pensar de todo eso? ¿A quién contentar?

¿Y cómo puede discernir, en estas condiciones, lo que él mismo desea? Basta para suscitar un conflicto interno del que intenta deshacerse mojando la cama por la noche.

Un fenómeno relacionado con la sexualidad

Para algunos niños, todo lo referente a la sexualidad está rodeado de un gran misterio. Así, los niños, sobre todo, se plantean preguntas sobre las distintas funciones de su pene, ese curioso órgano que sirve al mismo tiempo para hacer pipí o para hacer bebés y que procura sensaciones agradables. Todo eso está un poco mezclado en su cabeza y no distinguen bien entre orinar y tener relaciones sexuales, lo que puede traducirse en sueños con connotación erótica. El niño sueña que es bombero y que apaga el fuego con su manguera y se pone de repente a orinar en su pijama. Un niño pequeño puede sentir un placer sensual al notar que desciende la orina, como cuando sus padres lo limpian. Pero eso no basta sin duda para desencadenar una enuresis, relacionada a menudo con sus deseos inconscientes. Un niño a quien se ha repetido mucho «No te toques el pito, es sucio» puede pensar que son sus pensamientos, sus fantasmas, lo que le está prohibido, e intentar interrumpirlos haciendo pipí en la cama. Y al prohibirse soñar, esos niños intentan esconder el trastorno que podría provocar en ellos algunos de sus pensamientos. En efecto, a partir de los 4 años, los niños y las niñas están en plena etapa edipiana. Intentan situarse respecto a la relación íntima que une a sus padres, e intentan organizar lo que sienten por ellos: un abanico de sentimientos complejos en los que se mezclan amor, rivalidad, celos... a veces sienten un deseo amoroso tan fuerte por sus padres que se sienten muy trastornados por este.

Mojar la cama puede ser entonces una forma para ellos de protegerse de su deseo inconsciente. Actuando de ese modo, siguen comportándose como bebés, mostrándose un día poco agradables, como si intentaran tranquilizarse y demostrándose que son unos compañeros imposibles para sus padres. Es lo que los psicoanalistas, a partir de Françoise Dolto, llaman una enuresis «prudencial». Puede existir tanto en la niña como en el niño, pero en este es mucho más frecuente. En efecto, la enuresis es una forma para él de mantener su pene en estado de bebé, como si quisiera estar seguro de que no puede utilizarlo para nada más. Asimismo, significa claramente que no quiere competir con su padre, un poco como si fuera un acto de aligeramiento respecto a éste. Esta señal de sumisión es también el reflejo de una angustia de castración, de temor a ser amputado de su pene por su padre en caso de que transgrediera la prohibición del incesto. Esta angustia desaparecerá a medida que el niño crezca y se identifique con su padre. Pasará lo mismo con esta forma de enuresis. Sólo puede desaparecer si se logra responder a todas las preguntas que se plantean los niños sobre la sexualidad, si los tranquilizamos sobre su identidad de niño o niña, diciéndoles que se es niño o niña para siempre.

Una forma de oponerse

Si el aprendizaje del control de esfínteres ha sido demasiado rígido o se ha efectuado en un mal momento, puede ser que el niño esté fijado en una actitud de oposición. Si no estaba de acuerdo en decir adiós a su pañal y hacer sus necesidades en el orinal, y ha percibido que el deseo de los padres es muy rígido y contrario a su propio deseo de autonomía, de repente, le cuesta dominar sus esfínteres y si lo consigue durante el día, no pasa lo mismo por la noche. Su enuresis nocturna es una forma de decir que su cuerpo le pertenece y que hace lo que quiere. Pero no debe enfadarse con él, porque esta voluntad de autonomía es totalmente inconsciente y no verdaderamente dirigida «contra» sus padres. No es una provocación por su parte, sino más bien un mensaje que intenta mandarles, porque además puede ser un niño muy dócil y afectuoso si no se tienen en cuenta los escapes nocturnos. Pero evidentemente, como el trastorno está relacionado con su historia familiar, puede cambiar cuando va a casa de la abuela o de campamentos... ¡Es difícil admitir que a veces las cosas van mejor con otras personas! Sin embargo, también puede ser la oportunidad para que los padres empiecen a darse cuenta de que su hijo, que les parecía todavía muy pequeño, ya no lo es tanto.

La necesidad de soltarse

Algunos niños son muy tranquilos, muy educados, se esfuerzan siempre... ¿Perfectos? Casi demasiado. Se controlan tanto durante el día que por la noche se sueltan y se despiertan con las sábanas mojadas. Son como ollas a presión, controlan sus ideas negativas. Quizás encuentren cierto placer sexual en hacer pipí en la cama por la noche o relajarse y tener sensaciones que no permiten durante el día. A menos, por el contrario, que la enuresis sea para ellos el último intento de mantener hasta el final el control sobre sí mismos prohibiéndose algunos sueños... Sin duda, todo iría mejor si no fueran tan estrictos consigo mismos.

La necesidad de regresión

A veces un niño puede mojar la cama debido a un acontecimiento que trastorna su vida: un luto, un divorcio, el nacimiento de un hermanito, una mudanza, una enfermedad. Es lo que se llama enuresis secundaria. Al mismo tiempo, con frecuencia empieza a reclamar más mimos, a hablar o a comer peor, y no quiere soltar sus muñecos. Frente a una nueva situación angustiante, necesita volver atrás, a un momento de su vida en el que se sentía mejor, cuando era un bebé mimado. ¿Sus padres dedican mucha atención al recién nacido? Ya que les gusta tanto pasarse el día cambiándole el pañal y mimándolo, él también hará como su hermanito, y quizá de ese modo logrará más atención de sus padres. Desde la separación de sus padres, ¿su madre parece preocupada y más lejana? Comportándose de nuevo como un bebé, ¿quizás encuentre un nuevo vínculo muy fuerte que le unía a ella al principio de su vida? Este período de regresión es transitorio, y la mayoría de las veces la enuresis desaparece cuando se logra tranquilizar al niño sobre el amor que le prodigamos o cuando se haya adaptado a su nueva vida. Una evolución que se produce a veces de forma natural en el seno de la familia, pero que otras veces necesita la ayuda de un especialista.

Un problema en las relaciones

En caso de enuresis secundaria, nunca debe despreciar la hipótesis de dificultades en las relaciones: el niño puede tener preocupaciones en la escuela, ser objeto de burlas por parte de sus compañeros o acoso por parte de algún niño mayor que él. No es fácil para un niño pequeño hacerse un lugar en un grupo, en clase, aprender a respetar las nuevas reglas, a

quedarse sentados cuando la maestra lo pide, a esperar su turno para hablar o para utilizar algunos juguetes. Puede vivir mal algunos reproches que le hace la maestra —sobre todo si no tiene la costumbre
de recibirlos de sus padres— o soportar mal el ruido de
la clase, el estrés del comedor. También puede haber
dificultades de relación con los cuidadores, el hijo de
los vecinos que va a jugar a casa, la cuñada o el
cuñado, y es preciso estar atentos a todo lo que puede traducirse en un malestar por su parte.

La señal de un malestar

La enuresis puede ser también uno de los síntomas visi-
bles de una depresión del niño después de la pérdida
de un ser querido o de un animal, con carencias afec-
tivas o incluso la depresión de uno de sus padres. El
problema es que esta depresión está a menudo muy
escondida y es difícil de encontrar, ya que puede tomar distintas formas. A menudo puede tener el aspecto de un repliegue en sí mismo: el niño muestra menos
interés por las actividades que le propone la escuela.
Su cara se vuelve inexpresiva y su mirada ausente, le
cuesta concentrarse. A veces, en cambio, está supe-

ractivo, siempre molestando, siempre buscando que alguien se ocupe de él. En un niño pequeño la depresión se manifiesta esencialmente por signos físicos: lloro frecuente, dificultades alimentarias, retraso de crecimiento, eccema... en un niño mayor, se expresa más por la palabra. A los 5 años, el niño o la niña puede quejarse de dolor de barriga o de cabeza, o tener la impresión de que se burlan de él, que a menudo no consigue lo que se le pide. «No lo consigo», «No lo sé...», dice a menudo. Estas sensaciones se encuentran también en el niño de 7-8 años, pero expresadas de forma distinta: «No valgo nada», «Nadie me quiere»... Esta tendencia a desvalorizarse se refuerza por la enuresis, que hace que el niño empeore la mala imagen que tiene de sí mismo. Muestra un sufrimiento real que sólo puede desaparecer cuando las causas del malestar sean determinadas, lo a que menudo es complejo y necesita la ayuda de un especialista.

¿Y si fuera hereditario?

Algunos estudios han demostrado que tres de cada cuatro niños enuréticos y una de cada dos niñas tienen al menos uno de los padres que conoció este

Cuando el pipí se resiste

problema en su infancia, y se considera que el 77% de los niños con padres que lo fueron corren el riesgo de serlo. Existe pues una herencia manifiesta, aunque no se haya encontrado todavía el «gen» de la enuresis. Pero lo que el niño hereda de sus padres es más bien su forma de reaccionar ante el estrés. Frente a las dificultades de la vida, expresa su malestar volviéndose enurético como su padre o su madre, cuando en otras familias se desarrollaría más bien una urticaria o dolor de barriga. En algunos casos, se identifica tanto con su padre que así parece que se convierta en el portavoz de sus sufrimientos pasados, como si deseara de forma inconsciente ayudarle a encontrar respuestas a sus preguntas no resueltas: los celos hacia un hermano o hermana, una carencia afectiva, una infancia con malos tratos... Aunque existan semejanzas de comportamiento, no debe deducirse que es completamente igual a su padre o a su madre. Ante todo, cada uno tiene una historia distinta y el niño no vive quizá su enuresis de la misma manera que su padre o su madre vivían la suya. Cuidado, no debe decirle todo el día «Tú eres exactamente como tu padre» o «de todas formas es igual, eres como yo». Compararlo sin cesar con sus padres es correr el riesgo de no verlo como es ahora. En fin,

64

tampoco debe llegarse al extremo de que el padre que no mojara la cama se sintiera excluido y se desinteresara por la situación.

Los pequeños accidentes de los mayores

Hasta la edad de la pubertad, los niños pueden hacerse pipí de forma esporádica. Nada inquietante en estos episodios. La mayor parte del tiempo el niño o la niña expresa de esa forma una angustia pasajera frente a algún acontecimiento. ¿Se va con la clase de campamentos lejos de la familia? No es fácil pensar en esta separación. ¿Tiene que hacer un examen de danza importante para ella? ¡La angustia de no estar a la altura! A menudo la enuresis acude en su ayuda cuando un sueño agita al niño presa de un conflicto interior, como por ejemplo cuando sus ganas de partir con los compañeros chocan con el deseo de no abandonar a sus padres. En el adolescente este escape urinario puede ser también la expresión de preocupaciones de tipo sexual, un preludio de la eyaculación nocturna. Manifestaciones muy naturales, en fin, que exigen más cercanía de los padres, un acercamiento afectuoso («Mi chico grande, has tenido preocupaciones esta noche?»), más que reproches del tipo: «¡A tu edad ya no tendría que pasarte!» A eso se añaden a veces incontinencias urinarias relacionadas con los cambios físicos, psíquicos y hormonales de los preadolescentes, niños o niñas. Confrontados a una nueva imagen de su cuerpo y a una nueva etapa de su vida, necesitan asegurarse volviendo hacia atrás, a una etapa cercana a la primera infancia. Los pipís no controlados son también para ellos una forma de apagar sus deseos sexuales emergentes, que los sumergen en el trastorno. Nada grave. En general, algunas sesiones de psicoterapia ayudan a arreglar el tema. O el caso de los pipís intempestivos: el niño que, a fuerza de retenerse, acaba por hacerse el pipí encima cuando no puede acudir al baño de la escuela, porque no lo dejan ir libremente, o porque el sitio es repulsivo. Si el acontecimiento se repite varias veces, es preciso acostumbrarse a vaciar la vejiga en horarios regulares: antes de ir a la escuela, y también al mediodía, ofreciéndole la posibilidad de entrar en casa o almorzar en casa de la cuidadora o la vecina. Tampoco debe dudar en intervenir en la escuela y consultar con un psicólogo u otro especialista antes de que el problema sea demasiado importante.

Lo esencial

Los niños que mojan la cama no lo hacen a propósito. O tienen un pequeño problema de origen médico, aunque es poco frecuente, o tienen «accidentes» relacionados con cuestiones dictadas por su inconsciente.

La enuresis está causada a menudo por el miedo a crecer y el deseo de seguir siendo un bebé, pero también puede ser el reflejo de las dificultades de adaptación del niño ante un acontecimiento que le cambie la vida.

El cuestionamiento del niño sobre la sexualidad también puede ser el origen de la enuresis.

Aunque exista un factor hereditario, no parece que esté relacionado con un gen, sino más bien con factores psicológicos que hacen que el niño reaccione como sus padres.

Capítulo 6

¿Qué tratamientos?

Si el niño tiene pequeños accidentes hasta los 4 o 5 años, es normal. Pero si esos accidentes son frecuentes tanto de día como de noche, es mejor no esperar para consultar a un médico, un psiquiatra infantil o un psicólogo, porque cuanto más antigua es la enuresis, más cuesta tratarla.

Una situación difícil de soportar

Los niños con enuresis viven a menudo muy mal esta situación, sobre todo cuando crecen. Tienen miedo de las burlas, sienten vergüenza de sí mismos. Vergüenza de despertar por la mañana, mojados de la cabeza a los pies, vergüenza de sus sábanas a la vista de todos, vergüenza de ver la mirada reprobadora de sus allegados y de preocupar y dar trabajo a sus padres. Es difícil cuando papá y mamá lo riñen, cuando le gustaría tanto que estuvieran contentos. Es difícil también ir a dormir a casa de un amigo, salir de clase de excursión o campamentos, y tener que confesar lo inconfesable, que estalle a la luz del día lo que nos gustaría mantener callado. Por eso no sirve de nada reñirlos o sermonearlos. Como se ha visto, estos accidentes nocturnos son independientes de su voluntad. En cambio, los niños a menudo desean enormemente que termine su enuresis y encontrar soluciones. Por otra parte, no hay que dudar en buscar con ellos las causas para solucionar el problema. Todo eso vale mucho más que volver a ponerles el pañal. En efecto, nada de eso de tratarlos como bebés para reforzar su vergüenza e impedirles comportarse como mayores.

El niño, socio de los cuidados

Ninguna terapia puede funcionar si el niño no forma parte de su tratamiento. No es cuestión de llevarlo a un especialista sin hablar de ello con él antes incluso, aunque sea pequeño, si no podría pensar que sus padres intentan sólo deshacerse del problema. Por el contrario, necesita sentir que escuchan sus dificultades y lo apoyan porque tienen confianza en sus capacidades de crecer. No debe dudar en decirle: «No es tu culpa si te mojas la cama, pero vamos a luchar juntos y lograrás controlar tu cuerpo.» Entonces puede proponerle ir a ver a un «doctor» que lo ayudará a entender por qué se hace pipí en la cama y resolver el problema. Si parece interesado por la idea, puede hablar de ello con su médico de cabecera o su pediatra.

El médico, primer interlocutor

El médico del niño es en general un buen consejero, sobre todo si conoce al niño o a la familia desde hace tiempo. Si el niño es pequeño y si su enuresis no se ha instalado demasiado, puede hablar con él y con sus padres, y proponer algunas soluciones. Por ejemplo, puede explicarle al niño el funcionamiento de su cuerpo. Le indicará qué es la orina, cómo se almacena en el depósito que constituye la vejiga y cómo se contiene, con ese músculo en forma de anillo, que se relaja para dejar que el pipí salga y se cierra para impedir que salga. Si es necesario, puede proponerle ejercicios para aprender a contraer y a relajar su esfínter cuando hace pipí, lo que lo ayudará a tomar conciencia de la acción sobre su cuerpo.

A veces, asocia a estos consejos una prescripción de medicamentos para favorecer que se detenga la enuresis. Su papel consiste también en determinar que no existe ninguna causa orgánica en el origen de la enuresis. En caso de duda, puede prescribir análisis especiales médicos complementarios, incluso orientar a la familia hacia un urólogo (especialista del aparato urinario). Pero a menudo, indica a la familia que visite a un psiquiatra infantil o a un psicólogo para niños, porque el apoyo psicológico es necesario para que la situación evolucione.

La ayuda psicológica es esencial

Más que un simple problema mecánico, la enuresis a menudo es el síntoma de un problema de carácter psicológico. Cuando se realizan esfuerzos en casa y no bastan para resolverlo, no debe dudarse en buscar ayuda exterior. Algunos padres, sobre todo si ellos mismos han sido enuréticos, a menudo tienen tendencia a decir que no sirve de nada actuar y que mojar la cama se acabará algún día. Pero refugiarse en la fatalidad no sirve de nada. En efecto, la enuresis a menudo es señal de que algo no funciona, un mensaje que el

niño envía a su familia. Y es un mensaje que es importante intentar desencriptar, si se desea que el niño
pueda desarrollarse sin problemas. Para ello, se puede
dirigir a un psicólogo infantil o a un psiquiatra infantil,
ya que es un médico y puede prescribir medicamentos como complemento a la psicoterapia que inicie.

Los medicamentos, ¿una buena solución?

El inconveniente de los medicamentos es que no
actúan en la causa de la enuresis. Dicho en otras palabras, aunque puedan disminuir la frecuencia de
pipís por la noche, incluso llegar a eliminarlos, no so-
lucionan los problemas que son el origen del malestar del niño. Si no se les da respuesta, el problema corre el riesgo de seguir perturbándolo mucho tiempo.
Además, no existen medicamentos milagrosos eficа-
ces al 100%. A menudo, cuando el niño deja de to-
marlos, su enuresis reaparece. Pero al menos pueden
ayudar a pasar algunas noches secas. Es muy útil
cuando papá y mamá no pueden levantarse en plena noche para cambiar las sábanas o cuando ¡hay
que ir de excusión con la escuela! A pesar de que no
curen por completo, ofrecen la oportunidad al niño

de recuperar un poco de confianza en sí mismo. Además, se pueden utilizar como complemento de una psicoterapia para lograr mejores resultados con la condición de que se administren a niños mayores de 6 años. Estos tratamientos pertenecen a tres categorías, y tienen aplicaciones distintas.

⇨ **Para las enuresis diurnas, los anticolinérgicos**
Son medicamentos como la oxibutinina, que están sobre todo indicados para los niños que, con unas repentinas ganas de hacer pipí, no logran contenerlo y se lo hacen encima, y para los que tienen pequeños escapes, por ejemplo cuando se ríen. Algunos se presentan en forma de comprimidos y actúan en el esfínter y la vejiga, disminuyendo especialmente las contracciones de la vejiga, responsables de las emisiones de orina. Estos tratamientos, al igual que todos, deben ser controlados por el médico, porque pueden tener efectos secundarios, en particular si no se respetan las dosis: boca seca, dificultades para orinar, pequeños trastornos de la vista…

⇨ **Para las enuresis nocturnas clásicas, la desmopresina**
Entre los tratamientos farmacológicos, la desmopresina es sin duda la que logra mejores resultados. Este

tratamiento puede darse en comprimidos, o más práctico para los niños, en forma de *spray* nasal que se pulveriza por la noche antes de acostarse. Es una molécula que tiene un efecto antidiurético: el agua de los orines se reabsorbe directamente en el riñón, disminuyendo los riesgos de desbordamiento de la vejiga. Los efectos secundarios son poco frecuentes: dolor de cabeza, náuseas, dolor de barriga, congestión nasal o enrojecimiento... El niño deberá evitar beber por la noche para que no haya demasiada agua en el cuerpo. En general, el tratamiento tiene una duración de uno a tres meses, nunca antes de los 5 años. Asociado a un tratamiento psicoterapéutico, puede mostrar al niño que este síntoma puede desaparecer... Es interesante, porque también puede administrarse de forma episódica, en casa de algunos amigos, de campamentos o de vacaciones. Una forma de apaciguar su inquietud en el momento de irse. ¡Una forma también de no marginarlo de la vida social.

⇨ **Para las enuresis nocturnas rebeldes, los antidepresores tricíclicos**

Estos antidepresores actúan sobre la enuresis como los anticolinérgicos citados más arriba y pueden con-

seguir que disminuya la ansiedad. Este tipo de tratamiento se prescribe en forma de comprimidos. Pero
incluso aunque puede reducir la frecuencia de los
accidentes nocturnos, debe administrarse en dosis
muy bajas, ya que puede provocar somnolencia, estados confusos y temblores, taquicardia y aumento
de peso. Además, aunque este medicamento pueda calmar momentáneamente la ansiedad del niño,
no ataca directamente la causa de su problema ni
ayuda a resolver el problema en profundidad. La
enuresis puede disminuir y la ansiedad puede resurgir
más tarde de otra forma. Es mejor, por tanto, recurrir a
este tipo de medicamento con prudencia, y siempre
en el marco de la psicoterapia.

Otros posibles tratamientos

⇨ Homeopatía

Entre los incondicionales y los detractores de la ho-
meopatía, la batalla es encarnizada y no nos toca a
nosotros determinar la eficacia de los tratamientos
homeopáticos. Es cierto, no obstante, que los homeó-
patas escuchan a sus pacientes para adoptar cada
tratamiento en cada caso particular, y que esa es-

cucha es muy útil en los casos de enuresis. Según la personalidad del niño, su manera de dormir y el modo en que se producen sus incidentes nocturnos, se proponen distintos remedios: *Causticum, Argentum nitricum, Chloralum, Kreosotum, Sepia, Belladonna...*

⇨ **Acupuntura**

Entre las aplicaciones de esta medicina china, poco conocida en la facultad de medicina española, está el tratamiento de la enuresis. Otra posible ayuda para el niño... ¡Siempre que no tenga miedo de las agujas y los pinchazos!

⇨ **Curas termales**

Uno de los puntos interesantes de estas estancias es que el pequeño con enuresis se encuentra con otros niños con el mismo problema que él, lo que puede ayudarle a desdramatizar la situación que vive. Además, se alejan un tiempo de casa, se vuelven más autónomos y pueden distanciarse respecto a lo que ha podido desencadenar su enuresis: un luto, un cambio en su existencia... Durante estas estancias, que duran tres semanas o más, bebe agua de la estación termal, toma baños y hace gimnasia para dominar el cuerpo. Se asocia a eso una reeducación de la vejiga: aprende a orinar a intervalos regulares, interrumpir y empezar de nuevo la micción, sintiendo que su vejiga está llena… Algunos ejercicios que lo ayudan a ocuparse de sí mismo y a desculpabilizarse.

Lo esencial

Se puede proponer un seguimiento al niño a partir de los 4 años, sobre todo si moja la cama todas las noches. Cuanto más se espera, más profundamente se anclarán los problemas y más difícil será identificarlos y resolverlos.

Los tratamientos farmacológicos no bastan en general para curar una enuresis, pero pueden aportar una comodidad pasajera al niño y permitir que tenga más confianza en sí mismo.

Es necesaria la ayuda de un especialista, porque la enuresis es a menudo la manifestación exterior de un problema que puede molestar al niño en su desarrollo.

Existen algunos ejercicios para aprender a controlar la vejiga y tomar conciencia de su cuerpo.

Capítulo 7

Soluciones
para ayudarlo

Con el especialista o el psicólogo, el niño y sus padres explorarán los distintos caminos para acabar con la enuresis. A menudo el problema puede resolverse en algunas sesiones, sobre todo si la familia entra en el juego y establece aquí y en casa los consejos prácticos indicados por el especialista.

■ El papel de escuchar

A través de sus conversaciones con el niño y sus padres, a veces de dos en dos y otras veces juntos, el terapeuta buscará el origen de la enuresis: cómo empezó, en qué momento y en qué circunstancias... Intentará descubrir la personalidad del niño y su carácter, sus centros de interés e intentará entender si es más

bien ansioso o si tiene tendencia a oponerse a los adultos, qué relaciones lo unen con sus padres, sus hermanos y sus hermanas, su entorno familiar y escolar. Tra-
tará el tema con él sobre lo que sabe del
funcionamiento de su cuerpo, de la sexualidad. Se in-
teresará por sus antecedentes familiares, intentará saber si sus padres han sido enuréticos o no y, sobre todo,
cómo viven el problema de su hijo y quién se ocupa
en casa de gestionar el tema de los pipís nocturnos.

Distintas maneras de ayudarlo

Los psiquiatras infantiles y los psicólogos se apoyan
mucho en los juegos y los dibujos del niño porque son
formas de expresión privilegiadas. Asimismo, pueden
pedirle que cuente sus sueños. En efecto, su finalidad
es permitir al niño que exprese todas sus preocupaciones para darle respuestas. A veces un niño se
vuelve enurético cuando nace su hermano pequeño y se muestra inquieto si siente agresividad respecto a este. Si esta agresividad aparece en sus juegos, los especialistas intentarán tranquilizarlo
animándolo a expresarse de otro modo, especialmente por la palabra. Las palabras no son peligrosas

y se puede decir muy bien que no queremos a nuestro hermano o que desearíamos que no estuviera aquí, eso no le hará ningún daño. Animar al niño a poner palabras a lo que siente es darle las claves para entender lo que le pasa. Pero eso no funciona siempre, y a veces los terapeutas recurren a otros métodos, como la relajación. Una técnica que las niñas y los niños aprecian mucho porque los sitúa en un estado de sueño despierto que conocen bien, bastante próximo en el que se encuentran justo antes de dormirse o cuando su mente se pone a vagar. Así se pregunta al niño que se concentre en su respiración o que piense en algunas imágenes, por ejemplo en un río que corre. Después, se le puede proponer que ponga las esclusas y las presas, y decirle que será el guardián de la presa. Una forma metafórica de decirle que él es el dueño de su cuerpo y que tiene el poder de detener el flujo de orina que se desprende de este. Otra forma de hacerlo: inventarse un cuento en relación con lo que se vive. Supongamos que vive en rivalidad con su hermanito, se puede inventar la historia de dos hermanos que se pelean por un mismo reino e intentar que participe como en un juego de rol, tanto haciendo que se imagine el final de la historia como si no tiene idea, pidiéndole que escoja entre varias soluciones. ¿Y si los hermanos deciden compartir el reino en dos? ¿Y si fueran juntos a buscar un nuevo territorio por conquistar? Haciéndolo así, se puede atacar directamente la causa de su enuresis y se pueden sugerir al niño los medios para arreglar el problema origen de este síntoma. En general, este trabajo de fondo no es el único. Se acompaña también de muchos consejos prácticos destinados al tratamiento de la enuresis si se desea que sea eficaz.

Lo que pueden hacer los padres

⇨ Intentar algunos «trucos técnicos»

Para eliminar los escapes durante el día, es preciso que el niño orine a horas regulares: antes de las comidas, antes de salir, de acostarse… Al crear estos rituales, se incita a no olvidar hacer pipí para controlar mejor la vejiga. En cuanto a la enuresis nocturna, se puede reducir si se aplica este consejo de sentido común: dar menos agua al niño por la noche. Tampoco se trata de racionarle y repetirse cada cinco minutos: «¡No bebas más de dos vasos! Y si se le da más agua por la mañana, al mediodía y sobre todo para merendar, no tendrá mucha sed por la noche. ¿Y sobre estas alarmas tipo «Pipí-stop», que suena cuando se moja? Este dispositivo se basa en la idea de que el niño hace pipí todas las noches a la misma hora, y que a fuerza de despertarse debido a la alarma, acabará por abrir los ojos por sí mismo antes del momento fatídico, por temor a que se dispare la alarma. Pero en la práctica, la alarma tiene más bien tendencia a despertar a toda la casa, y este medio no siempre es eficaz; además, puede trastornar el sueño del niño y marcar el problema en lugar de hacerlo desaparecer. ¿Cómo un dispositivo así podría ayudarlo a ser autónomo y a controlar su cuerpo?

⇨ **Distanciarse**
Sin duda, cuando estamos cansados de tener que levantarnos para cambiar sábanas y cuando ya estamos hartos de volver a hacer la cama todas las mañanas, no estamos de humor para bromear. Pero es preciso que intentemos mantener la calma, porque cuanto más nerviosos nos pongamos en este tipo de situación, más se corre el riesgo de amplificar el problema. En un primer momento, se puede intentar simplificar la vida poniendo la cama de forma accesible para que las sábanas no sean muy complicadas

de cambiar y poniendo una toalla protectora deba-
jo. ¡Con un poco de suerte, sólo se mojará la toalla! Si
a pesar de eso cuando el niño despierte las sábana
están mojadas, intente evitar los reproches y castigos,
incluso si le parece que a su hijo no le sabe mal mojar
la cama y si le mira con aspecto desafiante. Ante todo eso no significa por fuerza que no siente nada en
el fondo de sí mismo, y por otra parte, no sirve de nada responder a la agresividad con agresividad. Eso
aumentará las tensiones en el seno de la familia sin resolver el problema. Asimismo, si sus hermanos se burlan de él, no deje que lo hagan. Las humillaciones
nunca son buenas para la moral.

⇨ **Hablar con el niño**

Primero, hay que hablar con él para intentar com-
prender lo que le pasa. ¿Por qué no se levanta para
hacer pipí por la noche? ¿Por qué no llega a tiempo?
¿Por qué no se atreve a levantarse? ¿Qué piensa de
lo que le sucede? No hay que dudar en pedirle que
cuente sus sueños o pesadillas. A fuerza de escuchar
y observar, se pueden formular hipótesis, sin perder
de vista que la enuresis es a menudo el árbol que esconde el bosque, el síntoma de que algo supera am-
pliamente el problema del control de esfínteres. Por

ejemplo, quizá se hace pipí en la cama porque le cuesta crecer o porque está celoso del interés que se muestra por su hermanita... Si este fuera el caso, no hay que centrar el tema en su enuresis, sino intentar ver cómo se le puede ayudar a ser más autónomo y tranquilizarlo sobre el lugar que ocupa en la familia.

⇨ Motivarle para que quiera crecer

¿Le cuesta despegarse de sus padres? ¿Por qué no invitar a sus compañeros a casa para que descubra otros centros de interés? ¿Le gusta que lo acunen? De acuerdo con los besos y los mimos, pero paralelamente tiene que incitarlo a lavarse y vestirse solo, porque la autonomía es primero el control de su cuerpo. En cuanto a los celos que tiene respecto a su hermana, quizá termine si su estatus de hermano mayor le permite algunos derechos y regalos que lo distingan de ella, y si su padre hace algunas actividades sólo con él: una salida al cine, una vuelta en bicicleta... En efecto, no debe asociar la idea de crecer con las limitaciones que lo separan de sus padres. Si al hacerse mayor es sólo para tener más tareas y menos mimos, ¡no es muy divertido! La complicidad, la ternura que intercambiaba con su mamá cuando lo cambiaba y limpiaba cuando era pequeño deben seguir existiendo, ¡aunque ahora sepa hacerlo solo! Aunque por fuerza se transformará. Quizá descubra que es agradable leer un libro uno junto al otro, por la noche antes de dormirse, o jugar juntos a juegos nuevos. Sí, crecer es renunciar a un cierto bienestar propio de los bebés, pero es también una bonita aventura.

⇨ Modificar su entorno

A veces, basta con modificar las condiciones de sueño del niño para ayudarle a no hacerse pipí en la cama sobre todo cuando es pequeño. ¿Le da miedo la oscuridad? Por qué no ofrecerle compartir su habitación con su hermano o su hermana, más que darle una habitación para él solo en el otro extremo de la casa? También puede dejarse una lamparita encendida, o no cerrar la persianas, sino sólo las cortinas, para que la habitación no quede sumergida en la oscuridad total. Asimismo, la presencia del orinal junto a su cama puede tranquilizarlo, más que tener que atravesar todo el pasillo oscuro. Lo importante es hablar con él para identificar y eliminar todas sus fuentes de inquietud: las sombras inquietantes que bailan en las paredes, los ruidos extraños… Debe mostrarse que se tiene su miedo en cuenta, más que minimizarlo o negarlo y decirle «No, te equivocas, no tienes ninguna razón de preocuparte. Para ayudarle a entrar apaciblemente en el sueño, debe empezar por apartar todo lo que pueda excitarlo: los refrescos de cola, el café o el te; la televisión o los videojuegos. Por el contrario, deben favorecerse todas las costumbres que pueden facilitar que se duerma tranquilo; como por ejemplo, escuchar un cuento o canciones suaves antes de acostarse, la presencia de un peluche y por supuesto... ¡el último pipí antes de acostarse! Creando un ritual que se repita todos los días, se ayuda al pequeño a sentirse seguro. Afrontará la noche con menos angustia y tendrá menos riesgos de mojar la cama.

⇨ **Darle confianza**

A fuerza de despertarse con las sábanas húmedas, un niño corre el riesgo de sentirse fracasado y perder confianza en sí mismo. Por ello es preferible evitar las críticas en todos los campos y por el contrario destacar los éxitos. ¿Ha sacado una buena nota en la escuela? Hay que felicitarlo. ¿Se ocupa solo del conejillo de Indias? Señal de que se puede confiar en él. Asimismo, deberán subrayarse sus nuevos resultados. Tiene que oír que sus padres están orgullosos de él si logra ir en bicicleta sin ruedecitas, superar su miedo al perro grande o saltar del trampolín.

⇨ **Hablarle de sexualidad**

A menudo, los niños con incontinencia no han recibido educación sexual. Con todo, es esencial para evitar confusiones que reinan en su mente porque lo que es evidente para nosotros, adultos, no lo es forzosamente para un niño de 5 o 6 años. Necesita que le expliquen la diferencia entre niña y niño, que le reafirmen la permanencia de los sexos diciéndole que será niño o niña toda la vida. También debe contarle cómo se hacen los bebés y precisar exactamente si es un niño que las semillas de bebé no toman el mismo camino que el pipí, para aclarar las diferencias entre la sexualidad y la función urinaria. Es importante no callar esta información, porque el niño ve que los órganos sexuales no se tratan como las demás partes del cuerpo, primero porque están escondidas y después porque los adultos les otorgan mucha importancia. Asimismo, es preciso hablarle de las reglas que rigen la sexualidad. Debe saber que no se puede hacer el amor con otra persona hasta la mayoría sexual (15 años), que debe ser consentida y que no debe ser alguien de su familia, y también que un adulto no puede estar con un niño, so pena de cárcel. Tampoco hay que dudar en insistir en la prohibición del incesto, porque el niño que moja la cama a menudo está muy atado a sus padres. Si no podemos casarnos con nuestra madre, ¡no es porque ya está casada o es demasiado vieja, sino bastaría que se divorciara o que el niño creciera para que fuera posible! No, sencillamente es porque es mamá. Si se casara con él, el niño se volvería loco. Y pasa lo mismo con su papá. Se pasa mucho tiempo en aprender a comer con cubiertos, a lavarse y a menudo se omite lo esencial, que interesa mucho al niño. Y cuanto menos se hable de ello, peor será, porque lo que imagina puede trastornarlo mucho más que esas palabras. Aunque no se hable de sexualidad en la familia, las preocupaciones sexuales siguen existiendo. Al contrario. Sin embargo, si no se logra hablar con los niños, lo que es legítimo se puede apoyar en un libro de educación sexual o pedirle a alguien que lo haga en nuestro lugar: un miembro de la familia, un amigo, un psiquiatra infantil o un psicólogo. Cuanto más se espere, hay más posibilidades de que esta falta de claridad sobre la sexualidad se convierta en fuente de problemas para ellos.

⇨ **Canalizar su agresividad**

Si el niño se bloquea, si a menudo se opone a todo, ayúdelo a expresar su agresividad de otra forma. ¿Por

qué no jugar a luchar con él? Es una forma de desdramatizar la situación. Los juegos de sociedad y de
manera general, todos los juegos que comportan reglas pueden ayudarle a expresar su deseo de ganar,
de ser más fuerte, dándole además un marco que respetar. ¿Quiere jugar al ajedrez o al Monopoly®? Nada
mejor que reflexionar, elaborar estrategias para
aprender a tranquilizarse, a dominarse. El deporte
también cumple la misma función. Salir a la piscina, ir
en bicicleta por el campo y ¡ale hop! las tensiones ner-
viosas se apaciguan. Asimismo, un combate de judo
puede ayudar al niño a descargar su agresividad, enseñándole a respetar al contrario. Todas esas actividades son mucho más útiles para aprender a controlarse a sí mismo que los videojuegos en los que hay
que cazar a enemigos virtuales que recurren a la
agresividad del niño sin lograr calmarlo realmente.

El esencial papel del padre

A menudo, la madre es la que se encarga de cambiar la cama mojada, limpiar al niño… ¿Y si se invier-
ten los papeles? Es importante que el padre se ocupe
de eso. No es tanto por cuestiones de reparto de ta-

reas, ni por cuestión de eficacia, sino simplemente porque el cambio de situación puede modificar la situación y eliminar los bloqueos del niño. La enuresis no puede ser sólo el problema de uno de los progenitores. Es la mejor forma para que sea fuente de conflicto entre el padre superado por el problema y el niño nervioso con los reproches. Además, cuando una madre se centra demasiado en el problema, eso puede reforzar su vínculo con el niño en detrimento de sus relaciones con su marido. A fuerza de que la madre se pase el día lavando las sábanas, a fuerza de verla preocuparse por el niño, el niño tendrá la impresión de que lo prefiere a su padre y se sentirá culpable por ello. Pero si la madre le muestra que tiene otros centros de interés, si su padre se ocupa más de él, y si se da cuenta de que sus padres llevan una vida de pareja, que preservan sus momentos de intimidad, todo volverá poco a poco a su lugar.

Un niño actor y no espectador

«¡Querer es poder!» ¿Qué padre no ha intentado razonar así con su hijo? Pero no es tan fácil. A menudo los pequeños con incontinencia tienen la impresión de que no tienen ningún poder sobre sí mismos y se sienten muy pasivos frente a este problema que los supera. Es preciso intentar que salgan de esta pasividad. Por ejemplo, se le puede pedir al niño que ayude a cambiar las sábanas, llevándolas a la cesta de la ropa sucia, con la condición de que no lo viva como un castigo. Puede ser una forma de demostrar —si se hace con alegría y buen humor— que no estamos enfadados con él y que hemos entendido que lamenta dar trabajo a sus padres. Otra forma de mostrarle que puede actuar es que lleve un calendario de sus escapes nocturnos. Cada vez que se despierte seco, dibuja un sol y cuando la cama esté mojada, una nube. Es una forma de ayudarlo a tomar distancia respecto a la situación y ver que puede lograr resultados. Eso le dará el sentimiento de haber conseguido algo y sobre todo lo ayudará a desculpabilizarse. ¡Y quién sabe si un papel activo quizá tenga un efecto sobre su voluntad inconsciente!

Objetivos claros y precisos

Paralelamente, puede proponerle objetivos concretos que tiene que alcanzar. En lugar de decirle que no moje la cama, ¿por qué no sugerirle que intente levantarse por la noche? Si es necesario, puede repetírselo antes de acostarse: «Esta noche me levantaré para hacer pipí.» Un método de autosugestión que a menudo cosecha buenos resultados con los niños tranquilos, perfeccionistas. Para entrenarlo a desplazarse por la oscuridad, nada como el juego de jugar a la «gallinita ciega», con los ojos vendados: tiene que encontrar a alguien, dándole la mano al principio si va poco seguro. También se pueden formular otros objetivos en relación con su modo de vida. Por ejemplo, si duerme con su gato, es preciso incitarlo a no mojar la cama para no mojar al gato. Es una forma de responsabilizarlo y ayudarlo a crecer. Pero si eso no funciona todas las veces, es inútil marcarlo. No debe sentirse culpable de sus fracasos. Por el contrario, es mejor felicitarlo y recompensarle por sus esfuerzos. ¿Ha logrado despertarse dos noches seguidas? Eso merece al menos un «bravo», un beso o un regalito. ¡Que cada familia decida!

Lo esencial

Los padres tienen un papel importante para ayudar al niño.

Cuando el pipí se resiste

La enuresis esconde un problema más profundo, y este problema es el que hay que descubrir y resolver.

Asegurándose de que el niño no bebe demasiado por la noche, despertándolo para que haga pipí y facilitándole el acceso al baño se puede disminuir el número de accidentes.

Para que el niño acepte que se hace mayor, es preciso que entienda que no perderá el amor de sus padres y que el estatus de mayor no sólo implica limitaciones, sino también ventajas.

Capítulo 8

La pubertad, el final del túnel

Cuanto más crece el niño, más disminuyen los escapes nocturnos. Después llega la adolescencia, con sus trastornos físicos y psíquicos que marcan una nueva etapa en la vida del niño y provocan la desaparición de la enuresis.

Una percepción distinta de sí mismo

Los niños con incontinencia se sienten a menudo impotentes frente a los desbordamientos de su vejiga. Pero también están contentos de mostrar a sus padres que están listos para ayudar.

Cuando el niño entra en la pubertad, es como si fuera otro. De repente, su atención se centra en esos cambios. Se pasa el tiempo mirándose en el espejo para reconocer su nuevo rostro, las niñas vigilan la aparición de sus senos y los niños se sienten fascinados por su pene. Incluso cambia la percepción de su cuerpo. Unos tienen la impresión de sentirse prisioneros dentro de un caparazón, los demás se comparan con un capullo al que le gustaría convertirse en mariposa, y otros aspiran a ser libres como pájaros. Pero la enuresis, ese síntoma que se localiza en un órgano relacionado con su cuerpo de niño, no tiene ninguna razón de ser.

El reacondicionamiento psíquico

Esta organización corporal provoca un nuevo dato en el plano psíquico y una transformación global de la personalidad del niño. Sometidos a trastornos hormonales, sienten las emociones más fuertes que se traducen en cambios de humor, estados de excitación, necesidad de expresarse más. Y se ve a adolescentes, que hasta entonces eran niños pequeños inhibidos, que empiezan a tener ideas sobre todo y a oponerse a algunas reglas, a enviar a paseo a sus padres, a adoptar un *look* más visible. Ahora que se sueltan de día, ya no necesitan soltarse por la noche. Visto de ese modo, adquieren más autonomía y se separan de sus padres, lo que favorece que se detenga la enuresis. ¡Ya no es cuestión, al empezar la secundaria, de comportarse y ser tratado como un bebé! Ya tienen motivación suficiente para no mojar la cama. Para algunos, la llegada de la adolescencia marca una auténtica liberación, un período más positivo en la vida. Otros, en cambio, siguen con sus angustias, pero encuentran otras formas de expresarlas. Aunque la enuresis es un problema típico de la infancia, la adolescencia también tiene los suyos: una relación complicada con el cuerpo y la alimentación, reacciones violentas, vulnerabilidad frente a las drogas… A cada edad, sus dificultades.

Una sexualidad que se desarrolla

Con la adolescencia, la sexualidad se afirma. Los niños ya distinguen claramente entre esperma y orina. Contrariamente a los pequeños, saben que hacer el amor y hacer pipí son dos actos completamente distintos e independientes, ¡y prestan ahora mucho más interés al primero que al segundo! El hecho de tener un pene tan grande como el de su padre les da mayor seguridad, una auténtica alegría de crecer. Es como si se encontraran al volante de un coche nuevo, más importante, más bonito. Al principio, tienen miedo de no saber conducirlo, pero al mismo tiempo, se sienten muy orgullosos y les agrada dominarlo. De ese modo, poco a poco, el adolescente descubre nuevas formas de expresar su sensualidad, nuevas posibilidades. Su vida afectiva ya no está centrada en sus padres. Empieza a sentir atracción física por otras personas. ¡El niño pequeño cuya sexualidad giraba en torno al pipí-caca ya queda muy lejos!

Un síntoma que puede dejar huella

Aunque la enuresis desaparece cuando se crece, a menudo quedan huellas en los adultos que la han sufrido durante su infancia. En efecto, la enuresis es sólo una forma de reacción de los niños frente a las dificultades, y que ya no moje la cama no significa que el problema, origen de ese comportamiento, haya desaparecido: quizá ha quedado escondido en alguna parte de sí mismo. Así, incluso en la edad adulta se pueden conservar huellas de un luto, unos celos respecto a un hermano o hermana… sobre todo si este problema no se ha to-mado nunca en consideración. Además, también cuenta mucho la forma en la que su entorno haya reaccionado a su incontinencia. Si se ha visto so-metido a las burlas de sus allegados, si ha sentido vergüenza, y sólo porque mojaba la cama no podía ir de campamentos o dormir en casa de sus amiguitos, corre el riesgo de tener falta de autoes-tima en la edad adulta. Y cuando uno no se quiere, cuando se tiene falta de seguridad, las relaciones con los demás son mucho más complicadas. A me-nudo, además, los antiguos incontinentes tienen un mal recuerdo de la infancia, si sólo la ven a través de su enuresis y hacen que ese trastorno sea res-ponsable de todas sus dificultades. También pode-mos preguntarnos si esta atención extrema sobre el problema durante su tierna edad les ha dado una visión falsa de sí mismos. Así, a fuerza de oír «No puedes aguantarte», algunos niños están conven-cidos de que nunca se controlarán y compensan esta situación siendo muy ordenados, muy con-cientes. De ese modo se convierten en adultos que se controlan mucho porque están convencidos de que no son capaces. La forma en la que se desa-rrolla el aprendizaje del control de esfínteres, para un niño, puede tener también repercusiones en la vida adulta. Si se le comunica desde pequeño el asco por el pipí, la caca y todo lo que está relacionado con esta parte del cuerpo, ¡puede sentir más tarde asco por todo lo que es de tipo sexual. Pero todos los niños con incontinencia son distintos, porque son historias diferentes las que los conducen a mojar la cama. Por consiguiente, es difícil predecir cómo serán de mayores. Además, la enuresis se acepta mejor que antiguamente. ¡Afortunadamente para los niños! a quienes no se maltrata tanto como antes y, por tanto, no pagan tan caras las consecuencias de su problema.

Lo esencial

La llegada de la adolescencia marca el fin de la enuresis, porque el adolescente dice adiós a su cuerpo de niño y descubre nuevas preocupaciones. ¡Es imposible seguir mojando la cama como un bebé!

Al intentar afirmar su personalidad, el adolescente se despega de sus padres e intenta buscar el control de su cuerpo, lo que lo ayuda a vencer sus incontinencias nocturnas.

Mientras que el niño se interesa mucho por el pipí y la caca, el adolescente descubre otras formas de expresar su sexualidad.

Cuando más nos burlemos de un niño que moja la cama, menos autoestima tendrá más tarde. Eso puede complicar sus relaciones con los demás. Por el contrario, cuanto más apoyo moral tengan los niños, más se les ayuda a resolver el problema que está en el origen de su incontinencia, y menos huella quedará de este episodio difícil de su existencia.

Capítulo 9
¿Y la caca?

Algunos niños no logran controlar la emisión de sus heces y se lo hacen regularmente encima. Se dice que son encopréticos. Un trastorno poco frecuente, pero con el que resulta muy difícil convivir para los afectados, sobre todo cuando crecen y entran en la adolescencia.

La encopresis, un tema tabú

Si la incontinencia urinaria es un problema frecuente en los niños y más o menos tolerado por el entorno, la encopresis está a menudo mucho menos aceptada por las familias, como si se tratara de una enfermedad vergonzosa, sin duda porque la caca se asocia a menudo a la idea de suciedad. Los padres se sienten fácilmente superados, sorprendidos por esas emisiones de heces incontroladas, en una civiliza-

103

ción en la que se tiene tendencia a no querer ver sus excrementos, a evacuarlos lo antes posible en el baño, a esconder su olor con desodorantes, y donde educar a controlar los esfínteres ocupa un lugar tan importante. Un niño que no logra controlar sus materias fecales es casi como un niño al que no se ha conseguido educar. Nos recuerda la parte animal que existe en cada uno de nosotros y por eso nos molesta. Es difícil, para él, tener relaciones serenas con sus allegados y sus compañeros, seguir una escolaridad sin problemas... No puede hablarse verdaderamente de encopresis hasta los 4 años, cuando la niña o el niño empiezan a defecar de forma involuntaria en lugares inapropiados sin que esté relacionado con problemas intestinales. Al igual que en el caso de la enuresis, puede ser primaria, si el niño no ha logrado nunca controlar la emisión de las heces, o secundaria, si este episodio se produce después de un período de continencia. Puede tener dos formas principales. En algunos casos, el niño se contiene tanto de ir al baño que la materia fecal acaba desbordándose cuando menos se lo espera. Se lo hace encima, sin poder contenerse. En otros casos, menos frecuentes, la emisión de heces es más activa y se produce después de una emoción fuerte, una crisis de angustia, una disputa. El niño se repliega entonces sobre sí mismo y se pone a defecar, como para aliviar una tensión interior. Sus comportamientos, que se producen a intervalos regulares, necesitan que médico y psicólogo se encarguen del tema, ya que el problema se acompañe de sufrimientos físicos y morales. Pero existen también pequeños accidentes de recorrido, más excepcionales, cuando el niño, absorto por el juego, se retiene demasiado rato y tiene pequeñas pérdidas incontroladas. En ese caso de nada sirve dramatizar. Simplemente es preciso enseñarle a cuidarse más y explicarle que es más agradable, como los demás, ser limpio y muy cuidadoso.

Pasa lo mismo cuando se limpia mal. Se tiene que explicar cómo se hace, más que tratarlo como un sucio ante toda la familia. ¡La limpieza ante todo es una exigencia social, un tema de respeto hacia sí mismo y los demás!

El estreñimiento, una señal de alerta

A menudo, el estreñimiento es lo que alerta a las familias en un primer momento. La emisión involuntaria de heces se produce en general al cabo de algunos

días, durante los que el niño estreñido, a fuerza de retenerse, puede quejarse de dolor de barriga. Los padres tienden a consultar entonces al médico o intentan arreglar ellos mismos la situación, administrando a
su hijo tratamientos a base de supositorios, vaselina o
lavativas. Sin embargo, hay que tener cuidado y no
exajerar el problema, porque aunque sea legítimo no
dejar que el niño sufra, no debe llegarse al extremo de
que no pueda retenerse a fuerza de tomar medicamentos que faciliten la expulsión de las materias fecales. Es inútil, por lo tanto, abalanzarse sobre los medicamentos; es mejor esperar un poco y empezar a
darle una alimentación rica en fibra para facilitar su
tránsito intestinal (fruta, verduras, pan integral...) Y si el
estreñimiento persiste, son preferibles los tratamientos
por vía oral que por vía anal, para evitar que el niño o
la niña tengan fijación con esa parte de su cuerpo.

¿Qué niños?

La encopresis puede asociarse con trastornos graves
de la personalidad. Su tratamiento debe ocuparse
también globalmente de esos trastornos. A veces, en
menos de un caso de cada dos, los niños con enco-

presis también tienen enuresis. La encopresis puede
afectar de forma transitoria a niños que tienen que enfrentarse a cambios o a nuevas dificultades. Como por
ejemplo, el niño que se lo hace encima cuando empieza las clases o ese preadolescente que se ha vuelto
encoprético porque siente que crecen en él impulsos
encopréticos, y que teme dañar a los demás o, incluso,
ese niño de 9 años que sufría la angustia de la muerte.
Esos problemas no son irresolubles y es inútil, cuando
eso sucede, desanimarse. Es mejor intentar entender
de dónde viene el problema para darle respuestas que
tranquilicen al niño y resuelvan sus dificultades.

Las distintas causas

⇨ Poco frecuentes: causas médicas

Salvo rarísimos casos de malformaciones de colon, el
ano o fisuras anales que pueden provocar dolor e in-
citar al pequeño a contener las heces para no sentir
daño, la encopresis tiene a menudo un origen psicológico. Sin embargo, el médico puede hacerle un
tacto rectal o prescribir una radiografía del abdo-
men y una lavativa, para constatar si existe acumu-
lación de materias fecales duras que podrían crear

una oclusión intestinal o ver si existe una dilatación del colon debida a un estancamiento de las heces (en lenguaje médico, un megacolon funcional). Cuanto más se dilata el colon, más le cuesta al niño controlar las heces, porque tiene la sensación de que está siempre lleno y no discierne ya en qué momento debe ir al baño. Para recuperar el dominio de los esfínteres, necesita una reeducación (véase a continuación «No dude en consultar al médico»).

⇨ La fobia de los baños

Algunos niños tienen miedo de ir al lavabo y se aguantan lo más posible para retrasar el momento de ir al baño. Unos tienen miedo de la cadena de agua y otros temen ser aspirados por la taza del váter, mientras que otros temen perder una parte de ellos al dejar sus heces, como si se tratara de sustancias vitales. Por último, algunos tienen miedo de ir solos al baño, y no soportan tener la puerta cerrada. Es su forma de expresar la angustia de la separación: a falta de poder estar con la persona que quieren, esos niños la retienen tanto como pueden, incluso con sus heces. Para ayudar a los niños a no tener miedo, no debe dudar en acompañarlos para explicarles cómo funciona el váter y lo que pasará con su caca. Con los más pequeños, basta en algunos casos con que recuperen su seguridad.

⇨ **Una reacción ante un acontecimiento**

A veces, una experiencia desafortunada provoca la encopresis. Si un niño se siente humillado o si le han reñido, después de un trastorno intestinal, puede retener después sus heces por miedo a ver que eso suceda otra vez. Pasa lo mismo, como ya se ha visto con el tema de la enuresis, con cambios importantes en su vida que pueden provocar también este tipo de reacción: la pérdida de un ser querido, la separación de sus padres, el inicio de la adolescencia… En ese caso, la encopresis es más activa y traduce un deseo de regresión. El niño desea ser pequeño para recuperar el lugar que ocupaba a los ojos de sus padres y sentirse seguro. Busca luchar contra la ansiedad adoptando una forma de expresión que le era familiar en su primera infancia. A veces, se trata de un comportamiento temporal que desaparece por sí mismo, pero si el episodio se prolonga, no debe dudarse en consultar a un médico que orientará a la familia a un psiquiatra infantil o psicólogo. En algunos casos, basta con algunas sesiones para encontrar el origen del trastorno y que el problema desaparezca.

⇨ **El síntoma de una depresión**

A veces la encopresis está relacionada con una depresión del niño, tanto porque sus padres también
son depresivos, como por falta de cariño debido a
una historia familiar complicada, o porque tiene dificultades propias que no logra superar. El niño se
muestra entonces muy ansioso, muy replegado en sí
mismo. La mejor forma de ayudarle es no centrarse
en su encopresis, sino por el contrario considerarla en
su globalidad y tratar su depresión.

⇨ **Una educación demasiado rígida**

Al aprender a controlar los esfínteres, el niño toma
conciencia de sus heces. Al placer fisiológico que
sentía el bebé cuando pasaban por su colon y salían
de su cuerpo, se añade un nuevo placer: el de controlar su expulsión. Para él, que todavía es pequeño y
no sabe ni hacer dibujos ni castillos de arena, sus cacas son, en cierto modo, sus primeras creaciones.
Además, se da cuenta en seguida de que esas materias que salen de él no dejan a sus padres indiferentes.
A veces parecen satisfechos al ver que defeca en el
orinal y se ponen contentos cuando hace lo que le piden, o bien les cuesta esconder su asco, lo que es mucho más preocupante para él. Porque ¿cómo enten-

der que le otorguen tanto interés a esa cosa que no les gusta? ¿La caca es una parte buena o mala de sí mismo? ¿Dársela a los padres o quedársela? De esa ambivalencia nacen auténticas dificultades para el niño, sobre todo si sus padres insisten en que se quede sentado en el orinal hasta que haya hecho sus necesidades y lo reñirán porque no ha respondido a lo que esperaban. Pronto entenderá el poder que tiene sobre sus heces y sobre sus allegados. Aunque si está en plena crisis de oposición y su entorno se centra en ese problema, es posible que le cueste salir de él.

⇨ **Una actitud ambigua**
A menudo el asco que los padres o los cuidadores manifiestan respecto al pañal sucio y a sus materias fecales esconde una auténtica fascinación por la suciedad. En efecto, la mayor parte del tiempo, esos adultos recibieron también una educación del control de esfínteres muy estricta. Cuando eran pequeños, a fuerza de estar sentados en el orinal, se les impidió tocar sus excrementos, amenazados por las peores calamidades en caso de que se masturbaran. Por fuerza, guardaron el deseo de transgredir esa regla que se les impuso con rigor. La presencia de un bebé en su casa les ofrece la posibilidad de

confrontarse a lo que consideran sucio de forma autorizada. Su obsesión por la suciedad encuentra ahí un objeto a través del que puede expresarse. De ahí su obsesión para que el niño esté limpio, por lavarlo, perfumarlo, ponerle crema corporal... Hasta que se ensucie de nuevo y que todo vuelva a empezar. El niño percibe bien esta ambivalencia, ese deseo inconsciente. Él que no tiene o casi no tiene el poder de la palabra es sensible a la mínima mirada, a la mínima actitud de los que se ocupan de él. Pero eso lo sitúa en una posición difícil: ¿debe responder a su deseo inconsciente y seguir ensuciando o bien responder a la voluntad de limpieza expresada? Todo eso contribuye a que sus heces se conviertan en una preocupación de mucha importancia de la que le cuesta deshacerse.

Salir de la espiral infernal

Para que un niño pueda resolver el problema, lo mejor es esforzarse en no fijarse en él todo el tiempo. En efecto, si sólo se piensa en la encopresis, acabará por expresarse sólo a través de ese síntoma. No debe verse en él sólo a un pequeño encoprético y no al pequeño Pedro o la pequeña Camila, con su carácter, sus cualidades, sus defectos. El peligro es entonces que los síntomas se avancen a su identidad y que a él mismo le cueste definirse de otra forma. Además, el niño afectado de encopresis siente a menudo mucha vergüenza. Tiende a considerarse un cero a la izquierda, malo. La mejor forma de ayudarlo es interesarse por sus centros de atención (lo que le gusta, lo que hace: ¿Le gustan los animales, colecciona cromos?). Hable con él, felicítelo por la manera en la que se ocupa de estos. Eso lo ayudará a tener más confianza en sí mismo y se sentirá tranquilizado por el amor que le prodigan sus padres. No tiene que perderse de vista que un niño encoprético no se hace caca encima para molestar a los adultos, sino porque no puede hacerlo de otro modo. Además, si uno de los padres siente mucho asco por la caca de su hijo es mejor que sea el otro el que gestione la situación más que agobiar al niño con reproches o humillarlo porque no se soporta su encopresis. Y si este último se lleva bien con otra persona de la familia (abuela, tía...), no dude en pedirle su ayuda para que lo releve. Eso puede ayudarle a desbloquear la situación y ayudar a los padres a respirar.

No dude en consultar al médico

Mientras que un pediatra puede considerar la gravedad de la situación, especialmente en cuanto al riesgo de oclusión intestinal, también es aconsejable consultar a un psiquiatra infantil, porque la encopresis no sólo tiene causas psicológicas, sino repercusiones en el conjunto de la personalidad del niño. Además, los dos tratamientos pueden ir de la mano, y el pediatra puede ir disminuyendo las dosis de medicamentos laxantes a medida que la psicoterapia aporte sus frutos. Según el caso, puede ser individual o familiar, y a menudo de inspiración psicoanalítica, acompañada de una reeducación. Esta puede efectuarse con kinesiterapia, que ayudará al niño con ejercicios a recuperar el control de sus esfínteres o incluso en casa. Se puede empezar incitándolo a ir al baño a horas fijas. Y si los váteres tradicionales le asustan, le puede ofrecer hacer pipí en el orinal hasta que se sienta seguro. También es interesante, si es mayor, pedirle que se ocupe de sí mismo, lavándose y cambiándose solo cuando tenga un accidente. Es una forma de hacer que el problema salga de casa y no ocupe demasiado lugar en las relaciones familiares, disminuyendo así las fuentes de tensión. También se puede optar por una estancia interna en un centro especializado donde seguirá una reeducación asociada a una psicoterapia. ¡Una buena solución para arreglar los conflictos!

¿Y después?

La encopresis tiene a menudo más repercusiones en el conjunto de la personalidad que la enuresis, porque es un trastorno que plantea más las cuestiones del control de sí mismo y de la relación familiar. Los niños que tienen dificultades con el control de sus heces tienen tendencia a quererlo controlar todo de forma excesiva o bien a no poder controlar nada en absoluto.

Por ello la encopresis puede favorecer caracteres rígidos, cabezotas y obsesivos, meticulosos o, por el contrario, desordenados y negligentes. Pero hay que tener cuidado, porque eso no significa que todos los niños afectados por la encopresis se vuelvan así, ¡ni que todas las personas que tienen este tipo de carácter hayan tenido en su infancia problemas de este tipo!

Lo esencial

La encopresis afecta a niños de más de 4 años y se traduce por emisiones incontroladas de heces, tanto porque el recto está lleno y se desborda como porque el niño recurre a esta forma de aliviar una tensión interior.

Paradójicamente, este trastorno se manifiesta a menudo por el estreñimiento. Pero no utilice demasiados laxantes, porque corre el riesgo de impedir que el niño controle las heces.

El origen de una encopresis tiene distintas causas. Entre estas, aprender a ir al orinal tiene un papel muy importante. Si los padres fuerzan al niño a ir al orinal y si manifiestan respecto a sus cacas un interés muy marcado mezclado con asco, el pequeño puede sentirse muy trastornado por esta actitud ambivalente.

Para ayudar a un niño encoprético a curarse, se puede seguir un tratamiento de psicoterapia junto a un tratamiento médico ligero y a una reeducación.

Conclusión

¿Y si se desdramatizara?

La enuresis y la encopresis no son problemas anodinos, sobre todo cuando se instalan de forma duradera en el niño. Pero la mejor manera de combatirlos es no estar demasiado encima. Es necesario darle la oportunidad al niño de que lleve una vida floreciente, que desarrolle centros de interés de sus competencias, a través del juego, el deporte, el dibujo, la música o simplemente la escuela. Si puede compartir esas actividades con sus padres, todavía mejor. Al menos, las relaciones familiares no girarán sólo en torno a su fracaso por no poder controlar su cuerpo, sino también en torno a sus éxitos. Sin duda, necesita un apoyo familiar activo para ayudarlo a resolver sus problemas. Esta ayuda necesita primero comprensión. La comprensión de lo que es el origen de su trastorno, comprensión de la manera en que lo vive. A eso puede añadirse la búsqueda de soluciones prácticas para ayudarlo a controlar mejor sus esfínteres y no sufrir demasiado su problema, evitando al

máximo las burlas de sus compañeros o sus hermani-
tos. También es necesario intentar siempre que sea
posible responder a sus preguntas discutiendo con él
o apoyándose en libros (véase «Bibliografía»). Por último, existe un arma poderosa para combatir las angustias que pueden moverlo: el humor (que no debe
confundirse con la burla, que puede ser humillante).
¡Nada mejor que lograr tomar distancia de sí mismo!
Este humor, se encuentra también en los libros (sobre
educación sexual, aprendizaje del control de esfínteres…), en las canciones ¡o incluso en el arte! ¿Y si le
habla de esa estatua que es el orgullo de Bruselas, el
Manneken-Pis, que representa a un niño haciendo
pipí? Se dice que ese niño apagó un principio de in-
cendio orinando encima. ¡Con un pipí pequeño
pueden hacerse grandes cosas! ¿La moraleja del
cuento? Todos llevamos a un Manneken-Pis dentro,
un niño que, un día, se hará mayor.

Bibliografía

CÁCERES CARRASCO, José: *Cómo ayudar a su hijo si se hace pis en la cama*, Madrid, Siglo XXI de España Editores, S.A., 2001.

GONZÁLEZ RAMÍREZ, José Francisco: *Pis y caca: educación para el autocontrol,* Arganda del Rey, Edimat Libros, S. A. 2003.

Índice